Adler & Büffel

Gerd Ladstätter

Adler & Büffel

Strategische Erneuerung
durch Verkaufsprozessanalyse

Bibliografische Information der Deutschen Bibliothek:
Die Deutsche Bibliothek verzeichnet diese Publikation in der Deutschen Nationalbibliografie;
detaillierte Daten sind im Internet über
<http://dnb.ddb.de> abrufbar.

© 2006 Gerd Ladstätter
Herstellung und Verlag: Books on Demand GmbH, Norderstedt
ISBN 3-8334-4347-2

Inhalt

1

Vorwort

Als ich während meines Studiums die ersten Marketingvorlesungen, Übungen und Seminare besuchte, wurde ich besessen von den Ideen und Gedanken, die in den siebziger Jahren die Betriebswirtschaft revolutionierten. Die übergroße Neugier trieb mich in verschiedene Branchen, in verschiedene Positionen und verschiedene Länder, Kontinente und Kulturen. Die Entwicklungen, die ich miterleben konnte, habe ich voll ausgekostet und Marketing ist zu meiner Leidenschaft geworden. Die Ungeduld, die mich früher bewegte, ist einer gewissen Gelassenheit gewichen, die es mir heute erlaubt, meine Schritte rückblickend zu betrachten, die Fehler zu sehen, den Lernprozess zu spüren und das Heute lernend zu erleben. Der Gedanke, die Erfahrungen zu einem Buch zu formen, kam mir, als die Erlebnisse und Ergebnisse der Projekte der letzten Jahre stimmig wurden mit den Lösungswünschen und unverstandenen Problemen der vergangenen Erfahrungen. Wenn es auch immer wieder die Menschen sind, die vielfach Veränderungen be- und verhindern, so gibt es nur den einen Weg – den, mit den Menschen zu Lösungen zu kommen. Und es waren viele Menschen auf meinem Weg, denen ich dankbar bin, die Methoden und Lösungen zu finden, die ich hier niedergeschrieben habe.

Beginnend mit Prof. Kulhavy, Marketingprofessor an der Kepler Universität Linz, der durch seine Begeisterung und Pioniertätigkeit das Feuer in mir entfachen konnte, Prof. Pierre Casse, dessen Unterstützung unserer Organisationsentwicklungsprojekte mir zu einem neuen Verständnis verhalf, Barry Richmond, der in seinen berühmten Indian Summer Camps in Vermont mir den Zugang zum systemischen Denken eröffnete (leider so plötzlich verstarb), Peter F. Drucker, von dessen so weit vorausschauenden Überlegungen ich während der letzten dreißig Jahre fasziniert war.

Die provokanten und gedankliche „klicks" hervorrufenden Gespräche mit Paul Greenberg (CRM at the speed of light – ein tolles Buch!) und die Erkenntnisse von Dr. Häusel zum limbischen System haben mir über meine bis dato unbeantworteten Lösungsprobleme geholfen.

Meiner Familie danke ich für die schützende Kraft, die mir während meiner vielen Erfahrungs- und Experimentierjahre Energie und Mut gegeben hat, so vieles zu lernen.

Danke an meinen Freundeskreis aus Schul- und Studentenzeit, der mir in so schöner Weise das Lachen und die Lebensfreude möglich macht und damit die verbrauchten Batterien auflädt.

Besonderer Dank gebührt Petra Spitzfaden, die mir nicht nur sprachlich und stilistisch wertvolle Unterstützung geleistet hat, sondern mir auch durch ihre Marketingexpertise und Leidenschaft als wertvolle Diskussionspartnerin bei der Entstehung dieses Buches zur Seite gestanden ist.

2

Einleitung

Jenseits der Blockbusterträume in manchen Vorstandsetagen entwickelt sich ein „über den Zaun schauen" und Marketingprofis machen eine erstaunliche Entdeckung. Die Analyse des Verkaufsprozesses als Goldesel für das gesamte Unternehmen.

Hat schon Michael Hammer mit seiner Reengeneering-Bewegung die neunziger Jahre im vorigen Jahrhundert ganz entscheidend geprägt und zu radikalen Leistungssteigerungen insbesondere in Produktion und Logistik geführt, so hat sich der Verkaufsprozess, so verlockend er auch war, noch diesen Aktivitäten verschlossen. Die allgemeine Ratlosigkeit der Profis habe auch ich in zahlreichen nationalen und internationalen Projekten erfahren. Doch durch das Zusammenführen meiner Erfahrungen mit Instrumenten des organisationalen Lernens und das konsequente Umsetzen mit permanenten kennzahlenorientierten Messungen gelang es, aus einer verfahrenen Situation den erhofften Umschwung herbeizuführen. Diesen Quantensprung lege ich in diesem Buch vor, für jeden nachvollziehbar und eine reiche Quelle der so heiß ersehnten Leistungssteigerung – in Zeiten wie diesen.

Doch der Preis ist hoch. Eine prozessorientierte Vorgangsweise verlangt viel Zeit für das Verstehen des Prozesses und viel Energie für das Implementieren der verbesserten Prozessabläufe. Die prozessorientierte Führung ist fundamental unterschiedlich zur klassischen Führung einer Organisation. Dieser Tatsache muss vor dem Start einer derartigen Bewegung Rechnung getragen werden. Wie immer spielt der Faktor Mensch die tragende Rolle bei der erfolgreichen Umsetzung dieser fantastisch wirksamen Verkaufsprozessstrategie.

Dieses Buch richtet sich sowohl an den Praktiker als auch an den Wissenschaftler.

Dem Praktiker hilft es, das heutige Dilemma zwischen Adler- und Büffelstrategien zu überwinden und eine Grundrezeptur zu übernehmen, die bei getreuer Einhaltung der Ingredienzen mit hoher Wahrscheinlichkeit zu einer Effizienz- und Effektivitätsverbesserung führen wird. Mir ist es gelungen, in mehrjährigen praktischen Projekten den Nachweis zu erbringen, dass in einem Zeitraum von 12 Monaten die verkaufsprozessorientierte Marketing- und Vertriebsstrategie eine 10 %ige Profitsteigerung erzielt. Und dies ist nur der Anfang. Ein kontinuierliches Ausschöpfen des Profitpotentials ermöglicht über Jahre hinweg, diese Produktivitätssteigerungen zu generieren. Dennoch sei darauf hingewiesen, dass die Unterstützung eines internen oder externen Consultants als Projektverantwortlichem von hoher Bedeutung für den Projekterfolg ist.

Dem Wissenschaftler mag dieses Buch als praktische Veranschaulichung einer strukturierten Vorgangsweise zur Umsetzung operationeller Innovationen dienen.

Für die wachsende Anhängerschaft der Systemtheorie, die unabdingbar mit der erfolgreichen Verkaufsprozessanalyse verbunden ist, unterstreicht diese Arbeit die Bedeutung und den Stellenwert der systemischen Denkweise in prozessorientierten Abläufen. Die klassischen Denkschemata sind ja sehr oft das große Hindernis im Verständnis des Verkaufsprozesses.

Die Lernende Organisation als oft vernachlässigtes Mittel zum verbesserten Änderungsmanagement (Change Management) trägt in gleichem Maße zur erfolgreichen Verkaufsprozessanalyse bei wie der Best Practices Ansatz. Die ganzheitliche und integrative Betrachtungsweise der Änderungsstrategien hat diesen Durchbruch möglich gemacht. Hilfreich sind nur Verkaufsprozesse, die von den erfolgreichsten Mitarbeitern in den Außendiensten eingesetzt werden.

Eine Anmerkung noch zum Gebrauch des Buches.
    Es wurde in weiten Teilen auf Prozesse Bezug genommen. Dieser Oberbegriff meint immer Geschäftsprozesse.
    Bei den praktischen Beispielen, Zahlenangaben und Statistiken, bei denen nicht ausdrücklich auf bestimmte Länder hingewiesen wurde, beziehen sich diese auf Deutschland.

3

WARUM BÜFFELHERDEN AUSSTERBEN

3.1 Das Marketing Paradoxon in der Pharmaindustrie

Bereits in den sechziger Jahren des vorigen Jahrhunderts hatte Peter Drucker den einzigen Sinn einer privatwirtschaftlich orientierten Organisation darin gesehen, Kunden zu schaffen und zu entwickeln – „There is only one valid definition of business purpose, to create a customer" (P. Drucker). Dieses Postulat, das Schaffen von Kunden als einzigen Zweck eines privatwirtschaftlichen Unternehmens, wurde in der Pharmaindustrie über Jahre hinweg ignoriert. Ein Produkt zu schaffen, das war es, was zählte.

Was ist aber über Jahrzehnte hinweg tatsächlich passiert? Aus einer einst sehr feinen, elitären Industrie haben sich aufgrund bahnbrechender therapeutischer Verbesserungen Weltkonzerne entwickelt. Aus nächster Nähe konnte ich den Aufstieg von Smith Kline & French (SK&F) mittels der Substanz Cimetidin (Tagamet®) verfolgen. Diese Substanz revolutionierte die klassische chirurgische Ulkustherapie. Einwandfrei belegbar waren die positiven Effekte hinsichtlich therapeutischer Ergebnisse, Kosten und insbesondere Lebensqualität. Das Unternehmen selbst wuchs von einem nationalen „Spieler" im nordamerikanischen Bereich zu einem Weltunternehmen mit Niederlassungen auf allen relevanten Märkten. Diese Entwicklung war nicht getragen von einer Marketingstrategie, sondern von der Forschung. Das Unternehmen konzentrierte sich auf die vermeintliche Hauptaufgabe, die Substanz in Tablettenform auf die verschiedenen Märkte zu bringen. Die gesamte kommerzielle Organisation hatte ein Ziel – das Produkt zu verkaufen. Dazu waren alle Anstrengungen nach innen gerichtet, der Kunde blieb außen vor.

Dies ist ein klassisches Beispiel für eine Produktorientierung – geführt von Forschermentalität, mit einem „Nachziehen" von Marketingaktivitäten, die es aber nie geschafft haben, das Produkt in einer Mehrwertbetrachtung für die Kunden einzubringen.

Aufgrund der übergroßen Nachfrage konnten den anfragenden Ärzten ihre Musterwünsche nicht erfüllt werden. Muster wurden kontingentiert wie in sozialistischen Planwirtschaften. Tatsächlich wurde eine Wertvorstellung beim Kunden kreiert – das Produkt ist hochinteressant, das Unternehmen wurde als teils ungerechte Verteilungsbehörde betrachtet. Was passierte, als das erste Konkurrenzpräparat auf den Markt kam? Die meisten Ärzte schwenkten sofort auf das neue Mittel. Die Kundenbindung war in den meisten Fällen nicht existent. Der Opportunismus war latent vorhanden. Als sich dann eine neue Alternative ergab, waren die Verordnungen dahin. Mit der Weiterentwicklung der Ulkustherapie und der „Ablöse" von Cimetidin durch Ranitidin durch Glaxo wiederholte sich ein weiterer bemerkenswerter Aufstieg eines Unternehmens zur Weltklasse.

Interessanterweise wanderten auch viele der Marketingleute von SK&F zu Glaxo. Das Opportunitätsverhalten ergriff offensichtlich nicht nur die Kunden, sondern reichte auch in die „Lieferkette".

Mir selbst ist in dieser Phase ganz drastisch die Forschungsdominanz vorgeführt worden: In meiner damaligen Rolle im Business Development von SK&F in Philadelphia begleitete ich einige sehr interessante Forschungsarbeiten zur Kombinationstherapie mit Cimetidin. Bei spezifischen Indikationen konnte die Wirksamkeit um 50 % gegenüber der Monotherapie gesteigert werden. Wir machten unsere Hausarbeiten, analysierten das Marktpotential und entwickelten einen entsprechenden Vorschlag. Die Investitionen, die zu einer Vermarktung notwendig waren, waren sehr überschaubar. Der ROI konnte in den vier europäischen Hauptmärkten innerhalb eines Jahres erreicht werden. Die damit verbundene Markenauffrischung hätte den Produktlebenszyklus verlängert und damit die Ertragssituation wesentlich verbessert.

Die Präsentation vor dem Entscheidungsgremium war – „Young Marketing meets Research Dinosaurs". Unsere Intentionen, lukrative Nischenmärkte zu erschließen, etwas Licht durch die Erschließung innovativer Nischen auf die Standardtherapie zu richten, wurden als uninteressant und langweilig abgetan. Obwohl noch der Hauptanteil des Gewinns von Cimetidin kam, war der Fokus schon auf andere Indikationsgebiete gerichtet.

Die Unternehmensvision war getragen von der Jagd nach neuen Substanzen – nach Revolutionen, die vollkommen neue Märkte entstehen lassen und dem Unternehmen einen spektakulären Erfolg sicherstellen.

Dass selbst Pantoprazol – damals bei Smith Kline & French als Mitentwicklung in der Entwicklungspipeline und heute das führende Präparat im Ulkusmarkt – diesen Ansprüchen nicht genügte, macht diese Anekdote zu einem interessanten Beispiel für Forschungsorientierung in der Unternehmensstrategie. Das Marketing war in dieser Phase bedeutungslos.

Nicht nur diese „hausgemachten" Produktlebenszyklen, sondern viele andere Miß-erfolge von Präparaten mit hohem Marketingpotential, die in dieser Zeit in den Unternehmen passiert sind, führten dann doch zu einer Verschiebung von der Forschungsorientierung zu einer mehr produktorientierten Unternehmensstrategie. Produktmanager, vorher mit der „Erziehung" des Marktes beschäftigt, bewegten die strategischen Marketingelemente in Richtung Kommunikation. Das Produkt und die Substanz waren aber noch immer Ausgangspunkte aller Entscheidungen. Die hohen Margen in den achtziger Jahren beflügelten auch den Ausbau der Außendienste mit der durchaus plausiblen Optik einer verbesserten Umsatzentwicklung. Aus heutiger Sicht kann man den Eindruck gewinnen, dass die Forschung als steter Quell für neue Märkte und große Umsatzsprünge nicht mehr ganz so im Fokus stand. Langsam haben sich Vertrieb und Marketing emanzipiert und hatten auch einige Erfolge bei Verlagerung der Geldmittel in diesen Bereich vorzuweisen. Nachdem man gut beweisen konnte, dass mehr Außendienst auch mehr Umsatz bedeutete, suchte man nach Möglichkeiten, gewisse Beschränkungen (hauptsächlich durch Wertvorstellungen bei den Ärzten) dadurch zu umgehen, Comarketing, Copromotions- und Lizenzierungsstrategien zu etablieren. Deren gemeinsame Zielsetzung bestand in der Vergrößerung der Außendienstkapazität. Delikat daran ist, dass man die Wertperzeption des Arztes dabei völlig außer Acht ließ. In den Unternehmen konnten sich die Vertriebsleute einer Prosperität erfreuen, die einerseits genährt von dem Machtstreben (mehr Leute = mehr Bedeutung im Unternehmen), andererseits von Umsatzsteigerungen getragen war.

Die Bedeutung, besser gesagt Geringschätzung, des Marketing wird hier in der praktischen strategischen Unternehmensausrichtung der letzten 15 Jahre sichtbar. Dies ist der Punkt, den ich als Marketing Paradoxon bezeichnet habe. Vergegenwärtigen wir uns noch einmal das Postulat von Peter Drucker – der Sinn des Unternehmens, der darin begründet wird, Kunden zu schaffen ...

Aber, wie ich in den weiteren Kapiteln zeigen werde, bewegen wir uns schon auf sehr dünnem Eis! Die Gefährlichkeit dieser Entwicklung wird uns jetzt zunehmend bewusst.

3.2 Das akzeptierte Modell im Pharmavertrieb – Büffelherde

Entwicklung der Außendienste – Größenordnungen (USA/Deutschland)
Allgemeine Ankündigungen und Kommentare zu diesen Größenordnungen

Als Metapher spiegelt die Büffelherde die Intention und das Verhalten der meisten großen Pharmaunternehmen wider (um diese Metapher zu vervollständigen, sei hier als Gegenstück der Adler erwähnt). Wenn trockene Regionen der Prärien es notwendig machten, schlossen sich die einzelnen Büffelgruppen zu großen Herden zusammen, die aus tausenden von Büffeln bestehen konnten, um neue Weidegründe zu erschließen. Das Futterverhalten war vom Abgrasen geprägt. Diese Strategien begannen in den achtziger Jahren und erreichten den Höhepunkt in den neunziger Jahren.

Ich überlasse es den Lesern, eine Anekdote aus dieser Zeit zu bewerten: Anlässlich einer Strategieberatung eines soliden deutschen Pharmaunternehmens ermahnte der Marketingleiter der französischen Niederlassung seine Kollegen ganz eindringlich, „forschere" Gangarten in der Kommunikation mit dem Arzt einzuführen.

„Unsere Aufgabe ist es, alle niedergelassenen Ärzte über dieses Präparat ausführlich zu informieren, ungeachtet der Größe der Praxis oder der Lage der Praxis – auch wenn sie noch so entlegen ist, sehe ich unsere Pflicht darin, diesem Arzt in gleichem Ausmaß unsere Informationen (auch negativer Art) zukommen zu lassen wie in der Großstadt."

Dieser Kommentar stammt aus dem Jahr 1994 und ist insofern interessant, als sich darin auch die „europäische" Seite des Aufrüstens erkennen lässt. In den USA wurde ja kein Hehl daraus gemacht, dass die Aufgabe der Außendienste darin liegt, Verordnungen zu steigern. In Europa stand und steht in vielen Fällen die ethische Aufgabe im Vordergrund. Die Zielrichtung war jedoch gleich. Hatte Konkurrent A vier Außendienste zu 110 Mann, so konnte man gut argumentieren, dass eine erfolgreiche Markteinführung nur mit einer größeren Mannschaft stattfinden konnte. Auf diese Weise wurden die Außendienste in die beträchtliche Größenordnung von 23.000 für den deutschen Markt gesteigert.

Viele Untersuchungen zeigten, dass diese „Büffelherden" bei den Kunden, den

Ärzten, auf wenig Gegenliebe stießen. Die Bewerbung eines Produktes durch drei oder noch mehr verschiedene Mitarbeiter eines Unternehmens oder Kopromotionsunternehmens verärgerte viele Mediziner. Dennoch konnte der Beweis geführt werden, dass dadurch noch Umsatzsteigerungen erzielt werden konnten. Und es gab noch einige Untersuchungen, die zeigten, dass die Verärgerung des Arztes noch nicht dazu geführt hat, die „offene" Tür an der Praxis für Außendienstmitarbeiter zu schließen. Wiewohl die Zahl der Ärzte, die nur mehr auf Terminvereinbarung einen Pharmareferenzbesuch annehmen, stetig im Wachsen ist. Eine sehr plausible Erklärung ist auch, dass der Arzt als jemand, der seine Berufswahl aufgrund seines Mitgefühls zumindest mitentschieden hat, auch eine höhere Reizschwelle in dieser Richtung hat. Er weiß ja auch irgendwie, dass seine Zugangsbeschränkung die Arbeitsbasis reduziert und damit ad extremis die Existenzberechtigung zumindest einiger Außendienstmitarbeiter in Frage stellt.

Verstärkt wurde dieser Effekt noch dadurch, dass die Umsatzmaximierung mit dem Faktor Zeit gekoppelt wurde. Die Strategien, die heute gefordert sind, sind möglichst rasch, möglichst viel Umsatz zu erreichen, um damit den Profit auf die Produktlebenszeit – innerhalb des Patentschutzes – zu maximieren.

Doch wer hat in diesen Zeiten des Aufrüstens auf den Wert geachtet?

Es ist ja daher gar nicht erstaunlich, dass genau in diesen Zeitraum des Aufrüstens eine negative Entwicklung der öffentlichen Meinung gegenüber der Pharmaindustrie fällt.

Harris Interactive Survey, eines der renommierten Marktforschungsinstitute in den USA, erhebt alljährlich unter 50.000 Erwachsenen, wie sie die „Dienstleistung" von verschiedenen Branchen bewerten (Harris Interactive Survey). Im April 2005 wurden interessante Ergebnisse erhoben. Am zufriedensten sind die Bürger mit den Supermärkten. 92 % wählten, dass sie in hohem Maße ihre Bedürfnisse erfüllen. Die Pharmaindustrie gehört zu den Industrien mit dem geringsten Zufriedenheitsgrad. In den letzten acht Jahren, die diese Befragung lief, hat sich die öffentliche Meinung über die Pharmaindustrie massiv verschlechtert. Damit gehört die Pharmaindustrie zu den schwächsten Industrien, hinter den Fluglinien, Banken, Autoindustrie, Telefon- und Kabelunternehmen. Die Pharmaindustrie wird lediglich besser bewertet als die Krankenversicherungen, Tabakindustrie und Ölfirmen.

Zu allem Übel traten auch noch diverse Ereignisse der Arzneimittelsicherheit auf, doch das von der Allgemeinheit zu beobachtende Übermaß gewisser Marketingausgaben, allen voran bezogen auf Außendienste, ist augenscheinlich.

Solche Fehlentscheidungen rufen die Regulatoren auf den Plan.
Und die Regulatoren greifen dieses Thema auf. UK hat als erstes Land in Europa mit dem Report des gesundheitspolitischen Ausschusses des Unterhauses zusammen mit anderen Themen folgende Empfehlungen abgegeben:

> Die Promotionsausgaben für Neuprodukte müssen signifikant reduziert werden.
> Ein striktere Vorgangsweise der Behörden gegenüber Pharmaunternehmen ist vorzunehmen …

Der Kommentar von Dr. Philip Brown (Mai 2005 in Scrip) legt dazu noch nach:
„Diese Schritte könnten ebenso gut auch vom US Senat, Deutschland oder Frankreich gesetzt werden."

In Frankreich wurden per 1. April 2005 die Musterabgaben beim Arzt durch den Außendienst untersagt. Ebenso die Platzierung von Anwendungsbeobachtungen.
Zusätzlich lassen die Vertreter der Gesundheitsbehörden wissen, dass man sich Gedanken macht, wie die Reduktion von 25.000 Außendienstmitarbeitern auf die von den Gesetzgebern gewünschte, weil ausreichend gehaltene, Zahl von 10.000 reduziert werden kann.

Alles höchste Alarmzeichen einer Politik, die kurz davor ist, an die Wand zu fahren. Es ist daher hoch an der Zeit, das Büffelherdenprinzip zu überdenken. Oder besser noch, nach Strategien zu suchen, die effizienter und vor allen Dingen wertschöpfend wirken.

3.3 EINIGE ERFAHRUNGSBERICHTE ZUR PRODUKTIVITÄT

Wie definiert sich die Produktivität – Effizienz und Effektivität
Streifzug durch verschiedene Deployment Methoden (ZS, etc.)
Die positiven Effekte – Berichte

Ein Phänomen besonderer Art ist die Betrachtung der Produktivität bei den Pharmaaußendiensten. Im Sinne von „große Siege verlangen große Heere" wurde und wird die Argumentation noch immer in diese Richtung geführt, ohne wirkliche Beweise zu erbringen, dass die Ausweitung oder die parallele Aufstellung eines neuen Außendienstes den gewünschten Effekt erreicht.

Auch wenn einige Unternehmen in ihren strategischen Visionen den Kampf um Marktanteile und Marktführerschaft um jeden Preis definiert haben, erscheint mir auch diese strategische Intention ziemlich nahe an der Politik der verbrannten Erde (vgl. die Ausführungen im vorhergehenden Kapitel). Kurzfristig mag diese Strategie von Erfolg gekrönt sein, der Preis dafür erscheint mir allerdings exorbitant. Ganz zu schweigen von dem Imageverlust, der der gesamten Pharmaindustrie dabei zugefügt wird.

Die Marktanteilsmaximierungsstrategie zeigt aber auch ganz klar einen Produktivitätsrückgang. Da lohnt es sich, sich das einmal etwas näher zu betrachten:

Die Problematik der gesunkenen Produktivität lässt sich mit vier Phänomenen erklären:

- Besuchsquantitätsschwund
- Besuchsqualitätsschwund (Erinnerung an Botschaft)
- Zielgruppenschwund
- Nachfrageschwund

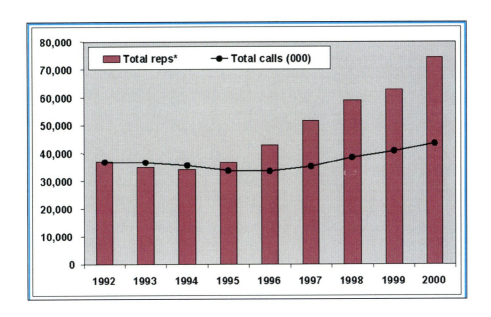

Abb. 1: Besuchsschwund, Verhältnis Anzahl der Außendienstmitarbeiter zu Besuchen

3.3.1 BESUCHSSCHWUND

Beim Ausbau der Außendienstkapazitäten wurden in den letzten drei Jahren seltsame Beobachtungen gemacht.

Laut einer Studie aus den USA hatte die jährliche 11 %ige Steigerung der Außendienstgröße lediglich eine 2 %ige Steigerung der Calls bewirkt. (Pharmaceutical Executive May 2003).

Und das bei abnehmenden Gesprächszeiten pro ADM auf heute 30 Sekunden pro Präparat (F. Harms, 2005). Und ein nicht unerheblicher Anteil dieser Kurzgespräche findet zwischen Tür und Angel statt (Scott Levin Research).

Laut einer Präsentation von Pfizer (Rick Martin, Sales Force Effectiveness Summit in Philadelphia 2004) werden generell 60 – 70 % aller Besuche bei Ärzten getätigt, die geringe oder gar keine Verordnungen produzieren.

Eine physikalische Erklärung dieses Phänomens könnte man im Boyle'schen Gesetz sehen, das ja besagt, dass bei Gasen und Flüssigkeiten erhöhter Druck eine

Abnahme des Volumens bewirkt (spürt man ja auch täglich beim Ein- und Ausatmen). Diese Metapher werde ich im weiteren Verlauf noch einmal aufgreifen.

3.3.2 BESUCHS-GEDÄCHTNISSCHWUND

Bei ergänzenden Untersuchungen ging man noch einige Schritte weiter. Man wollte wissen, was bei den Besuchen tatsächlich passiert. Die Ergebnisse dieser sehr soliden Untersuchungen sprechen für sich.

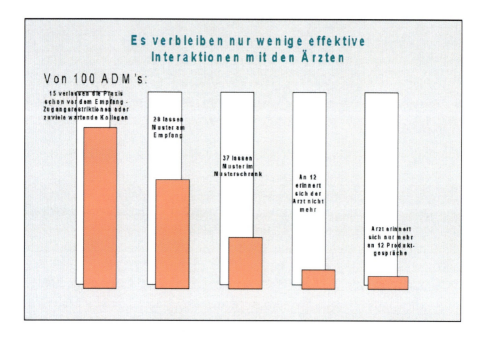

Abb. 2: Besuchs-Gedächtnisschwund: immer weniger effektive Interaktionen

Von 100 Besuchen (mit theoretisch geplanten drei Produktbesprechungen pro Besuch) werden bei 15 Besuchen die Produktinformationen und Muster im Postkasten deponiert, da der Arzt den Zugang nur für Anmeldungen erlaubt. Weitere 28 landen am Tisch des Empfangsschalters. Die nächsten 37 schaffen es, den Musterschrank mit den Mustern zu befüllen. Damit verbleiben 20 Besuche, die es so weit schaffen, dass sie ein persönliches Gespräch mit dem Arzt führen. Schon nach kurzer Zeit kann sich der Arzt an 12 davon nicht mehr erinnern. Nur 4 % der Nachrichten werden auch erinnert. Dieser Besuchs- und Gedächtnisschwund ist auch bei uns in einigen internen Studien nachgewiesen worden. Wie immer man diese Zahlen vergleichen möchte, das Prinzip stimmt mit unseren Erfahrungen gut überein.

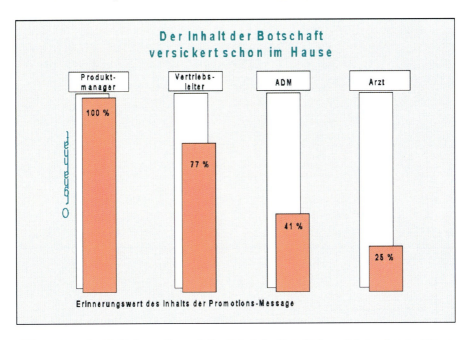

Abb. 3:   Besuchs- Gedächtnisschwund: Der Inhalt der Botschaft versickert schon im Hause.

Aber damit noch nicht genug. Ein Unternehmen wollte es noch genauer wissen und hat sich gefragt, was passiert denn eigentlich hausintern mit den Botschaften, die so präzise in Tests und Fokusgruppen entwickelt wurden. Wir kennen das von den diversen Doppelbesuchen, oder auch bei zwanglosen Gesprächen mit den Außendienstmitarbeitern, die oft sehr ehrlich reagieren, wenn sie gefragt werden, wie sie denn bei einer Produktbesprechung vorgehen. Und da stellen wir selbst oft fest, dass von den wichtigen Punkten der Positionierung des Präparates und der entsprechenden Argumentation sehr vieles verloren gegangen ist. Bei der erwähnten Studie stellte sich Folgendes heraus:

Schon hausintern bleiben fast zwei Drittel der Botschaft auf der Strecke. Das bedeutet auch eine Menge Arbeit – aber mit abschätzbaren Erfolgen, denn jeder

Prozentpunkt zählt mindestens zehnfach, wenn es die Vertriebsstufen weiter Richtung Kunden geht.

3.3.3 ZIELGRUPPENSCHWUND

Die meisten Unternehmen in Deutschland arbeiten auch mit einem Zielgruppen-Portfolio, das das Arztsegment in vier Bereiche einteilt. Dabei ist die Y-Achse auf das Marktpotential bezogen und die X-Achse auf das Patientenpotential. Daraus ergeben sich vier Zielquadranten.

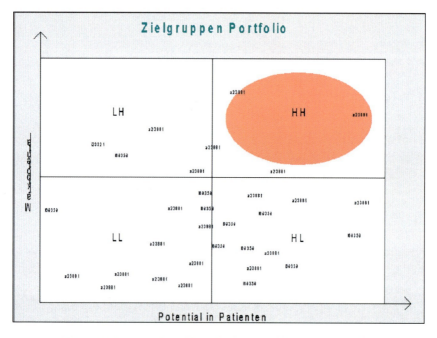

Abb. 4: Zielgruppen-Portfolio, Marktpotential zu Potential in Patienten

Das interessanteste Feld ist natürlich das HighHigh – kurz HH Feld. Bei verschiedenen Analysen meiner Projekte konnte ich feststellen, dass die Trefferquote (für HH Besuche) selbst bei subjektiver Einteilung der Potentiale durch den Außendienstmitarbeiter bei etwa 65 % liegt. Das heißt, wenn meine Zielsetzung lautete, bei diesen Ärzten eine hochfrequente Besuchsstrategie zu führen, dann gelang dies nur bei zwei Dritteln der Besuche.

Anlässlich einer Sales Force Effectiveness Konferenz wurde auch vom Sales Force Effectiveness Head eines der führenden Pharmaunternehmen der Kommentar gegeben, dass 60 – 70 % der Besuche bei Ärzten stattfinden, die kein oder nur geringes Verordnungspotential haben.

Gleiches belegt eine Statistik, die anlässlich eines Executive Meetings in Europa Anfang 2005 von einem Teilnehmer aus den Top Five Pharma Firmen gezeigt wurde:

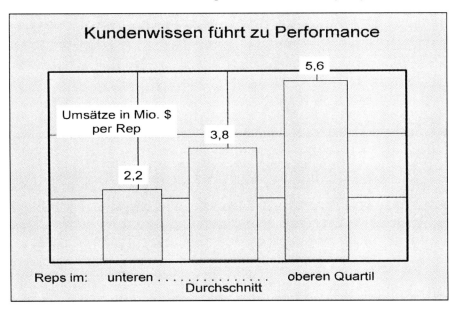

Abb. 5: Kundenwissen führt zu Performance

Daraus lässt sich folgern, dass das implizite Kundenwissen der besten Außendienstmitarbeiter bewirkt, die „richtigen" Ärze zu besuchen. Der erzielte Wert liegt um 47 % höher als beim Durchschnitt und um 155 % höher als das untere Quartil. Das alles bei gleichem Ausbildungsstand.

Ich denke, die erfahrenen Salesmanager unter den Lesern werden hier ihre eigenen Beobachtungen in einer oder anderer Form wiederfinden. Ernüchterung kommt auf, wenn alle diese Untersuchungen zusammengefasst werden und in ihrem Ausmaß auch noch grob mathematisch aufaddiert werden.

Hier drängt sich ja förmlich die Frage auf – wie unterscheidet sich die Vorgangsweise der Top Reps von ihren Kollegen?

Und – warum haben wir Außendienste, die Kunden besuchen, die wir nicht wollen? Und sie arbeiten hart!

3.3.4 NACHFRAGESCHWUND

Zu diesen drei Schwundphänomenen sei hier noch der Vollständigkeit halber das „Demand Leakage" Modell von der Boston Consulting Group (BCG) erwähnt. Im Sinne eines patientenorientierten Marketings halte ich diese Komponente für wichtig, denn neben der Wertbetrachtung beim Arzt ist auch der wahrgenommene Wert beim Patienten entscheidend für den Markterfolg.

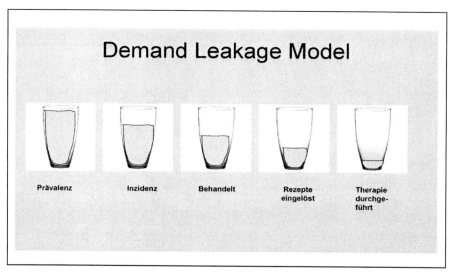

Abb. 6: Demand Leakage Modell (BCG Studie 2001)

Nehmen wir den hypothetischen Fall eines Pharmaunternehmens, das ein Antidepressivum in Frankreich verkauft. Wie viele Leute leiden unter depressiven

Erkrankungen? Etwa 6 Millionen, sagen die entsprechenden Forschungsarbeiten. Aber nicht jedem „Patienten" ist bewusst, dass sein Leiden abnormal ist. Und selbst unter jenen, die wissen, dass sie krank sind, gehen nur einige zum Arzt, um mit ihm über ihre Probleme zu sprechen. Auch Ärzte werden nicht alle Fälle korrekt diagnostizieren, und wenn doch, werden nicht alle Ärzte eine medikamentöse Therapie für vernünftig halten. Wenn nun tatsächlich ein Medikament verschrieben wird, dann gehen einige Patienten nicht in die Apotheke und holen sich das Medikament. Von denjenigen, die sich das Medikament besorgen, werden einige wieder nicht das Medikament einnehmen oder nach kurzer Zeit absetzen (Compliance). Dieser Schwund von der Nachfragerseite ist daher ganz beträchtlich.

Nach dem oben Gesagten und den Erkenntnissen aus dem Nachfrageschwundmodell lässt sich das Potential erahnen, das in produktivitätssteigernden Strategien und Aktivitäten heutzutage schlummert.

Es gibt uns auch einige Erklärungen zu Phänomenen, die wir alle kennen. Im Kapitel 3.3.2 haben wir gesehen, dass nur 4 % der Produktinformation bei so wenigen Zielpersonen ankommt, daher erscheint die Theorie durchaus plausibel, dass ich mit 1.000 Außendienstmitarbeitern 40 Ärzte reell erreiche, verglichen mit 4 Ärzten bei 100 Außendienstmitarbeitern.

Die Produktivität im Marketing/Sales Bereich ist abhängig von der Qualität der Zustellung der empfangenen Botschaft. Die drei wichtigsten Elemente sind: Die richtige Botschaft richtig an den Empfänger zu bringen, an den richtigen Empfänger, mit der richtigen Frequenz. Das Heil im quantitativen Element zu suchen bringt zwar am großen Ende auch Resultate, es ist aber teuer erkauft.

Was ich mit diesen Beispielen und Rechenexempeln aufzeigen will, ist: Im Pharmamarkt liegt eine Riesenchance. Das Schwundmodell deckt ein ungeheures Potential zur Produktivitätssteigerung im Außendienst auf. Damit ist nicht gemeint ein Kahlschlag am Personalsektor, sondern Umsatzsteigerungen bei steigender Effizienz und Effektivität.

Ich gehe noch einen Schritt weiter. Die im weiteren Verlauf erläuterten Methoden werden in wesentlichem Ausmaß die erfolgreichen und erfolglosen Unternehmen in Zukunft definieren. Damit ist eines sicher: Die Büffelherden von heute – mit schauerlich niedrigem Wirkungsgrad – werden aussterben (mit den Unternehmen). In Zukunft werden sich Adler durchsetzen. Das Verhalten eines Adlers im gegensätzlichen Sinne zu dem einer Büffelherde ist geprägt von längerem Kreisen über seinen Futtergründen. Das gezielte Hinabstoßen bringt ihm die notwendige Beute.

Der Adler steht hier für Analysieren der Zielgruppen und punktgenaues Treffen der entsprechend definierten Zielgruppe mit individuell maßgeschneiderten Botschaften im Sinne eines 1to1 Marketing.

In einer grob angelegten Analyse unter Berücksichtigung aller vorhandenen Daten, befinden sich heute die meisten Pharmaunternehmen im untersten Dezil. Nehmen wir an, der Index für den maximalen Produktivitätsgrad von Sales- und Marketingaktivitäten wäre 100, so ergibt die Berechnung einen aktuellen Wirkungsgrad von 10. Wahrscheinlich ist es sehr schwierig, ab 80 noch Steigerungen zu erreichen. Aber ein Index von 30 bis 50 erscheint mir machbar. Eine Verdopplung oder Verdreifachung der aktuellen Produktivität erscheint durchaus im Bereich des Machbaren.

Dieser Ausblick ist doch faszinierend und es ist der Mühe wert, an diesem Hebel zu arbeiten.

4

DIE PROZESSANALYSE ALS ERFOLGSFAKTOR

4.1 SCHLÜSSELBEGRIFF PROZESS

Erklärung Prozess mit „herkömmlichen" Betrachtungsweisen
Zitate von Hammer (bis zu operational innovation)
Praktische Beispiele

Viele Leser werden sich erinnern, als Michael Hammer mit seinem Manifest „Reengineering the Corporation" (M. Hammer, 1993) die großen Unternehmen in Aufregung versetzt hat. Gleichzeitig wurden Heerscharen von Beratern von verunsicherten Vorständen angeheuert, um die notwendigen Reengineering Prozesse in Gang zu setzen. Verständlich waren diese Reaktionen allemal, die USA hatten zum ersten Mal nach über 70 Jahren Prosperität mit wirtschaftlichen Schwierigkeiten zu kämpfen, die nicht mehr mit kosmetischen Maßnahmen zu bekämpfen waren.

Die jahrzehntelang bewährten pyramidalen Organisationsprinzipien der Arbeitsteilung schienen den neuen Anforderungen nicht mehr zu genügen. In der Tat haben sich die klassischen Wirtschaftszyklen verkürzt, die gelernten Bilder (auf Abschwung folgt Aufschwung) waren nicht mehr sichtbar und das wirtschaftliche Umfeld wurde unvorhersagbar. Die technologischen Veränderungen, die Verschiebungen in den Konkurrenzsituationen und die schnelleren Produktlebenszyklen haben neue Paradigmen geschaffen, die damals noch nicht einmal verstanden wurden.

Heute, mehr als zehn Jahre nach dieser revolutionären Geschäftserneuerungswelle, ist das Prozessdenken im Marketing noch nicht angekommen. Nach wie vor sind Organisationen heute aufgabenorientiert. Arbeitsplatzbeschreibungen, Organigramme und Strukturen bestimmen das Unternehmensbild.

Aber hier liegt die große Chance. Die Reengineeringwelle hatte hauptsächlich die Kostenreduktion im Auge und damit meistens den Faktor Arbeit mit den dramatischen Auswirkungen, die wir alle kennen. Aber es hat funktioniert, die Produktivität konnte dramatisch gesteigert werden. Im Marketing haben wir die Möglichkeit, nicht nur an der Kostenschraube zu drehen – viel interessanter ist die Perspektive, über wertschöpfende Maßnahmen Umsatz- und Ertragssteigerungen einzuleiten, die der Zielsetzung Effizienz- und Effektivitätssteigerungen besser entsprechen, als die Kosten immer und immer weiter zu drücken.

Nur in der Überwindung funktionsorientierter Organisationsstrukturen, wie Abteilungen und Geschäftsbereichen liegt der Schlüssel zum Erfolg. Es gilt, komplette Leistungserstellungsprozesse (aus der Kundensicht) mit abteilungsübergreifenden Prozessstrukturen zu erschließen. Dies ist das herausragende Kriterium – abteilungsübergreifend – für einen Geschäftsprozess. Und dabei muss eine Wertschöpfung erzielt werden und messbar sein.

Doch nicht nur abteilungsübergreifend muss die Organisation in Zukunft funktionieren, sondern sogar über Unternehmensgrenzen hinweg. Hatte die Unternehmensstrategie oder mögliche Änderungen der Unternehmensstrategie keine Auswirkungen auf die Organisation gehabt, so muss heute die Prozessgestaltung aus der Unternehmensstrategie abgeleitet werden können. Dies führt damit auch zwangsläufig zu organisatorischen Anpassungen.

Das Verstehen des Prozesses ist die mächtigste Hürde, die es zu überwinden gilt. Und es ist nicht ausreichend, wenn ein Projekt zur Verkaufsprozessanalyse (VKPA) ins Leben gerufen wird und nur die Projektleitung eines VKPA-Projektes versteht, worum es geht. Alle Beteiligten müssen über die fundamentale und radikal andere Betrachtungsweise im Einvernehmen sein.

Hammer (1993) definiert einen Prozess wie folgt: Ein Geschäftsprozess ist eine Zusammenstellung von Aktivitäten, die aus einem oder mehreren Materialien oder Leistungen ein Produkt oder eine Leistung schafft, die einen Wert für Kunden hat.

Die klassische Betrachtungsweise fokussiert die einzelnen Vorgänge, aber verliert sehr oft aus den Augen, dass für den Kunden der Gesamtprozess relevant ist. In Vorwegnahme der Kapitel 5 und 6 möge ein einfaches Beispiel dies verdeutlichen.

Ein Außendienstmitarbeiter, hervorragend mit Fachwissen und Kommunikationsfähigkeit trainiert, übernimmt ein neues Gebiet. Das Unternehmen erwartet von ihm, möglichst rasch einen positiven Effekt in den Verkaufszahlen zu demonstrieren. Wie in den meisten Unternehmen gehandhabt, geht er nun einmal ins Feld, um seine Kunden kennen zu lernen. Basis hierzu ist eine „alte" Datei. Viele Ärzte empfangen nun einen professionellen Mitarbeiter, der mit Fragetechnik versucht, eine Qualifizierung seiner Prospects zu erreichen. Viele Ärzte empfinden diese Gespräche als lästig und zeitaufwendig. Paul Greenberg („CRM with the speed of light") beschreibt dies als klassischen Fall für Interruptive Marketing (der negative Beigeschmack dieses Begriffes im Zusammenhang mit einem anderen allgemein bekannten Begriffspaar ist durchaus beabsichtigt).

Folgende Abbildung beleuchtet diese traditionelle Vorgangsweise. Bewusst fehlen in dieser Darstellung die entsprechenden Rückflüsse und Konversionsraten pro Stufe.

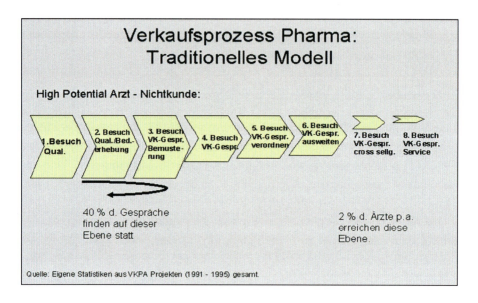

Abb. 7: Verkaufsprozess Pharma, traditionelles Modell

Stellen wir doch diesem Prozessmodell das gängige Modell gegenüber.

In Vertriebsleistungsreports wird gelistet, wie viel Ärzte pro Fachrichtung und Thema oder Bewerbungszyklus besucht wurden (vergröbert). Dies vergleicht man nun mit entsprechenden Umsatzdaten im Gebiet. Die Schlüsselziffern dabei sind zumeist Besuchsfrequenz (pro Tag), Abdeckung der Zielärzte und Besuchssoll pro Arzt.

Fast alle CRM-Systeme bieten heute Statistiken an, die die Abweichungen namentlich pro Arzt zeigen in Relation zu den Sollfrequenzen entsprechend der Wichtigkeit.

Sehen Sie den Unterschied?

Auf dieser prozessorientierten Darstellung drängen sich ganz andere Schlüsselzahlen auf: Wie kann ich die Anzahl der echten Verkaufsgespräche steigern – zu
messen in „erreichte höhere Prozessstufe". Dabei ist diese Darstellung noch sehr
angelehnt an das klassische Modell. Sehen Sie in der Darstellung den Kunden?

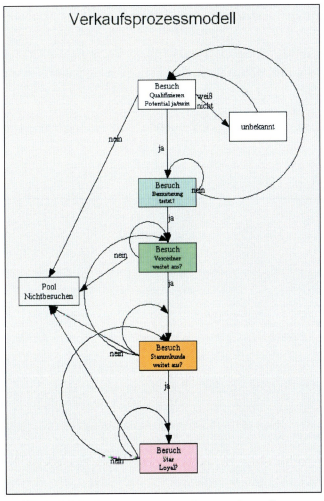

Abb. 8: Verkaufsprozess – prozessorientierte Darstellung

In einer prozessorientierten Darstellung sehen wir eine Zunahme der Komplexität. Im Vergleich dazu die Abbildung 7, die wesentlich einfacher das möglicherweise gleiche Denken ausdrückt. Betrachten wir die einzelnen Schritte etwas genauer. Nehmen wir dazu an, ein neuer Mitarbeiter übernimmt sein neues Gebiet. Er hat etwa 400 Ärzte. Nachdem er die Ärzte nicht kennt, werden alle Ärzte einmal besucht. Im Flussdiagramm wird deutlich, dass jeweils Entscheidungen getroffen werden müssen:

Hat der Arzt ausreichendes Potential? Antworten Ja – Nein oder auch „Weiß nicht".

Bei der Antwort „weiß nicht" geht es zurück zum Besuch – erster Folgebesuch usw. In einem Modell ausgedrückt, stellt sich die Situation folgendermaßen dar:

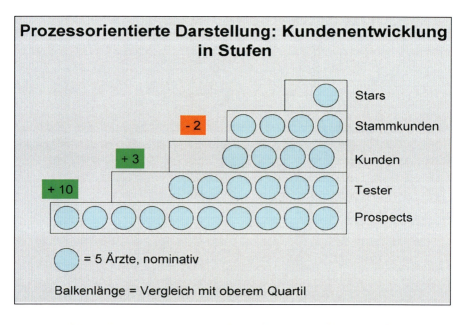

Abb. 9:   Prozessorientierte Darstellung: Kundenentwicklung in Stufen

Hier sind die Prozessstufen aufgezeigt. Die Bälle bezeichnen die Anzahl der Ärzte, die aktuell in dieser Stufe sind. Die Balkenlänge orientiert sich am oberen Quartil – im Sinne von: Gute Gebiete haben diese Anzahl der Ärzte auf dieser Prozessstufe. Die grüne Zahl bezeichnet die Anzahl der Aufsteiger. Wenn sie rot hinterlegt ist, dann sind das Ab- oder Aussteiger. In diesem Beispiel ist es offenbar gut gelungen, die im Vergleich mit dem Quartil zu erkennenden Lücken auf der Stufe der Tester und der Kunden aufzuholen, indem jeweils Zuwächse zu erzielen waren. Geringfügig negativ entwickeln sich die Stammkunden – trotzdem bleiben sie noch auf der gewünschten Anzahl in dieser Stufe. Die Verbesserung gegenüber der in Abb. 8 dargestellten Grafik bezieht sich auf die Einbeziehung des Kunden in Form einer kundenzentrischen Betrachtungsweise.

Gehen wir nun in der klassischen Betrachtungsweise weiter: Im Idealfall ist der Außendienstmitarbeiter gut trainiert, mit Fachwissen gut bestückt und zumindest organisiert, dass er eine vorgeschriebene Anzahl von Arztbesuchen erreicht. Also sind die einzelnen Aufgaben in professioneller Weise erfüllt. Trotzdem sehen viele Ärzte keine Wertschöpfung für sich. Was kann denn daran so schlecht sein?

Der hier skizzierte Prozess (der ja heute noch immer als Standardvorgangsweise bezeichnet werden kann) ist deshalb „wertlos", weil der Kunde damit keine Wertschöpfung verbindet, mehr noch: Die Lästigkeit zu einer Wertminderung – der Person oder des Unternehmens – führt. Entscheidend geprägt ist diese Verhaltensweise von dem Ursache/Wirkungsprinzip.

Für das handelnde Unternehmen mögen diese Besuche ja einen Stellenwert haben und ich schätze, dass heute bei einer geschätzten Gesamtzahl von ca. 25.000 Pharmareferenten und einer Fluktuation von 7 % etwa 1,5 Mio. Besuche mit einem wertmindernden Effekt getätigt werden. Dazu sei noch bemerkt, dass dies Kosten von 200 Mio. Euro pro Jahr (die Kosten von einem Besuch seien hier mit konservativen 150 Euro veranschlagt) verursacht. Kritische Leser mögen nun hier einwenden, diese Besuche seien ja die Notwendigkeit dafür, in Zukunft bedarfsgerechte Angebote an den Kunden heranzutragen. Hier sei auf Kapitel 5.8 verwiesen, das dieses Thema als Ergebnis einer VKPA ausführlich darstellt.

Dieses Beispiel zeigt gleichzeitig das Schlüsselelement eines Prozesses: die Wertschöpfung aus Kundensicht.

Eine Verbesserung kann nur über radikale und fundamentale Veränderungen funktionieren. Tradierte Allgemeinplätze, wie „Alle machen es ja so" oder „Das hat ja immer schon so funktioniert" sind nicht mehr gültig.

Die Prozessanalyse als Erfolgsfaktor

Damit sind wir bei dem zentralen Punkt der Veränderung.

Michael Hammer (Harvard Business Review, April 2004) verwendet dafür den Begriff „Operationelle Innovation". Dabei geht es nicht um Erfolgsstorys großen Stils, sondern um „Brot und Butter" Tätigkeiten und Veränderungen. Deren Potential hinsichtlich Kostenreduktion, Produktivitätssteigerungen und gesteigerte Kundenzufriedenheit wird damit ausgeschöpft. Diese operationellen Innovationen sind darauf ausgerichtet, den Kunden in den Mittelpunkt zu stellen und alle Prozesse auf die wertschöpfenden Eigenschaften hin zu durchleuchten. Traditionell sind diese Tätigkeiten unterbewertet. Unternehmen tendieren dazu, eher große Deals und strategische Meisterstücke zu bewerten. Die Knochenarbeit ist doch etwas langweilig.

Hammer zeigt auch noch vier Wege auf, nicht nur etwas besser zu machen, sondern neue Wege zu beschreiten:

- Benchmarking mit Unternehmen aus anderen Branchen
- Identifikation der Beschränkungen unseres Geschäftsmodells
- Speziell erfolgreiche Aktivitäten in Standardaktivitäten einfließen lassen
- Die sieben Schlüsseldimensionen der Arbeit zu beachten

Diese lassen sich mit einer Serie von Fragen, die untersucht werden sollten, beantworten:

1) Welche Ergebnisse werden verlangt?
2) Wer sollte diese Arbeit machen?
3) Wo sollte diese Arbeit gemacht werden?
4) Wann sollte diese Arbeit gemacht werden?
5) Sollte diese Arbeit überhaupt gemacht werden?
6) Welche Informationen benötigen die Leistungsträger?
7) Wie tief greifend muss jeder Aspekt der Aktivität ausgeführt werden?

Hammers Schlussbemerkung soll auch uns bei der VKPA ermutigen:
Dies sei die einzige dauerhafte Basis für bessere Leistung. In einer Wirtschaft, die sich durch eine immer stärkere Vergleichbarkeit der Produkte und überdosierte

Kapazitäten auszeichnet und in der die Konsumenten und Kunden regieren wie nie zuvor, könne nur operationelle Innovation zu einer Differenzierung unter den Mitbewerbern beitragen und damit den Platz auf den vorderen Rängen sichern.

Mit dieser Differenzierung erreichen wir die exzellente Leistungsfähigkeit der Organisation. Wobei die Fähigkeit zu Hochleistungen in einer Organisation definiert wird von den Ergebnissen der Prozesse. Die exzellenten Leistungen der individuellen Prozesse sind wiederum abhängig von der Leistungsfähigkeit der einzelnen Aktivitäten. Es reduziert sich darauf, dass die Arbeit richtig gemacht wird (vgl. auch Rafael Rodrigues, Whitepaper Focused Management Columbia).

Nicht zu vergessen dabei ist die menschliche Denk- und Handlungsweise. Prozessorientierte, trainierte Personen unterscheiden sich grundsätzlich von den typischen Vertriebsleuten (M. Webb, Whitepaper, June 2003):

Denkweise eines typischen Vertriebsmitarbeiters:

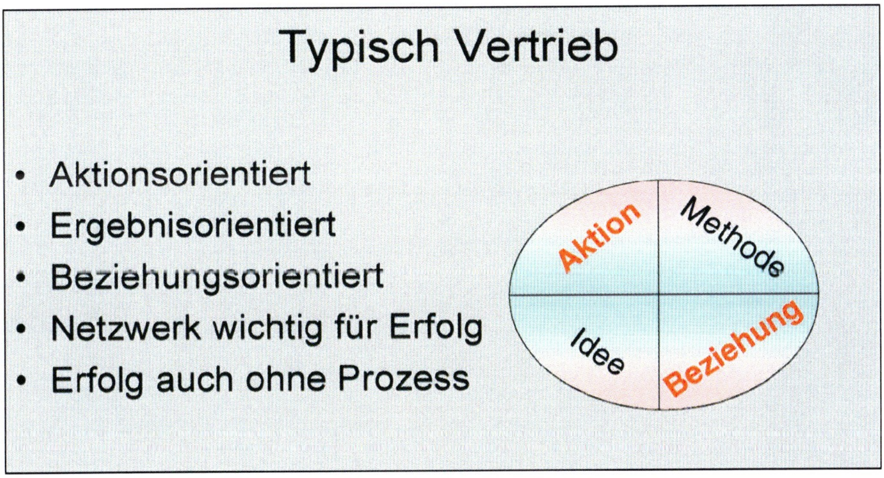

Abb. 10: Typologie Vertrieb

Denkweise eines prozessorientierten Mitarbeiters:

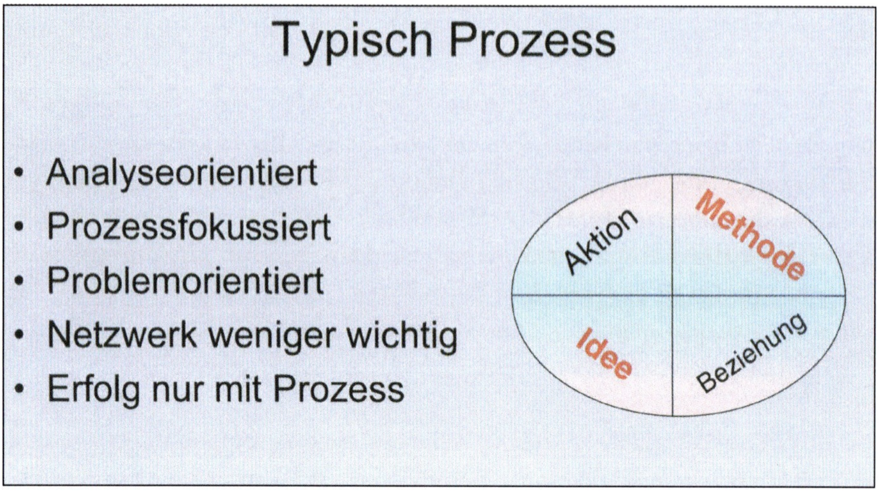

Typisch Prozess

- Analyseorientiert
- Prozessfokussiert
- Problemorientiert
- Netzwerk weniger wichtig
- Erfolg nur mit Prozess

Aktion | Methode
Idee | Beziehung

Abb. 11:   Typologie Prozessmanager

Aufgrund dieser Unterschiede ist es verständlich, dass Prozessinitiativen manchmal zu Frustration und Problemen führen können. In den vier Verhaltenstypen (adaptiert und vereinfacht nach den Myers und Briggs Typenindikatoren, MBTI), dargestellt in der Grafik bei den Abbildungen 10 und 11, ist auch deutlich eine gegenpolige Grundeinstellung zu erkennen. Daher ist es wichtig, die in diesem Buch vorgeschlagene Vorgehensweise, Best Practices, Organizational Learning, Simulation und Systemdenken und die Organisation der Prozesse, bei diesen Projekten richtig zu kombinieren.

4.2 Die klassischen Kundenmanagementprozesse

Kaplan und Norton (Strategy Maps, 2004) haben in ihrem erweiterten Werk, das an den Klassiker anknüpfte, zu den Balanced Scorecards eine vereinfachte Darstellung entwickelt.

Kundenmanagementprozesse umfassen:
- Kunden auswählen
- Kunden akquirieren
- Kunden binden
- Kundenbeziehung ausweiten

Insbesondere bei der Auswahl der Kundensegmente sind viele Organisationen nicht sehr erfolgreich. Und jede Branche hat immer die gleichen Probleme auf einer bestimmten Stufe. Auffallend für die Pharmaindustrie ist, dass die Kundenselektion und Akquisition die großen Schwachstellen darstellen. Nicht nur werden die Prozesse bei der Kundenauswahl und Akquisition unzusammenhängend geführt, sie werden zumeist dem einzelnen Außendienstmitarbeiter überlassen.

Es ist doch so, dass Marketing helfen sollte, Probleme bewusst zu machen und Lösungen aufzuzeigen. Das wäre der Ausgangspunkt der Wertschöpfung. Dabei ist eine Segmentierung des Marktes hilfreich. Der Vertrieb hilft, diesen Wert zu realisieren, in Übereinstimmung mit den Bedürfnissen zu sehen und in Aktion zu treten (Aktion im Sinne der Kaufhandlung).

In der Praxis wird dieser Ablauf kaum eingehalten.

Schon bei der Kundenakquisition wird parallel gearbeitet. Marketing startet Direktmarketing Aktivitäten und parallel grasen die Büffelherden verhältnismäßig ungezielt die gleichen Weiden ab.

Es ist eigentlich altbekannt: Einen Neukunden zu gewinnen ist – je nach Branche – 5 bis 10 mal teurer, als einen bestehenden Kunden zu halten. Die Kundenakquisition ist somit die teuerste Maßnahme. Leicht nachvollziehbar auch für die Pharmabranche. Die Kundenakquisition mit persönlichen Besuchen zu gestalten, ist wohl einer der teuersten Methoden.

4.3 Voraussetzungen für den Prozessansatz

4.3.1 Change Management

Einer der großen Denker der Managementlehre, Harvey-Jones (Managing to Survive, 1983), schrieb zum Thema Veränderungen:

„Es ist unmöglich, Organisationen zu Veränderung zu bewegen, wenn sie nicht spüren, dass ihnen Gefahr droht, wenn sie weiterhin Dinge so machen, wie sie es immer gemacht haben …", und weiter: „Organisationen können nur verändert werden, wenn sich die Menschen ändern, und Menschen werden sich nur ändern, wenn sie im Innersten überzeugt sind, dass Änderung notwendig ist."

Wenn wir von Veränderung sprechen, so können wir von zwei Arten von Veränderung sprechen, der antizipatorischen Veränderung und der reaktiven Veränderung.

Es wäre eine rhetorische Frage, welche der beiden Veränderungen für Organisationen wünschenswert wäre. Die Veränderung durchzuziehen, vom Unternehmen gewollt, als Reaktion auf vorhersehbare Verschlechterung der eigenen Situation, ist aber auch ein besonderer Kraftakt, der alle Beteiligten mit einbinden muss.

Wenn wir in einer Situation mit einem Erlebnis konfrontiert werden, das abweichend von dem ist, was wir normalerweise erwarten würden, so versuchen wir in unserem Erfahrungsschatz zu stöbern, um etwas zu finden, das uns dieses Erlebnis erklärt.

In unseren gelernten Modellen finden wir auch zumeist etwas, das in der Lage ist, dieses ungewöhnliche Erlebnis zu erklären. Unsere Handlungsweise ist dann reaktiv – aus vergangenen Verhaltensweisen gelernt. Hier ist das Dilemma mit reaktiven Veränderungen. Die Zeit ist zu kurz, um das Erlebnis ausreichend zu untersuchen und die vorhandenen Modelle in Frage zu stellen. Zumeist ist das Ergebnis der reaktiven Veränderung auch kurzfristig befriedigend. Ganz besonders gilt das, weil es ja die vorhandenen Modelle irgendwie bestätigt. Aus der kritischen Distanz betrachtet, bietet sich hier das Risiko des „im Kreis Gehens". Hier sei auf den Teil der „Lernenden Organisation" verwiesen, der sich mit dieser Thematik intensiver beschäftigt.

Zwei große Hindernisse sind beim Veränderungsmanagement zu überwinden: individuelle Hürden gegenüber Veränderung und organisationsbedingte Schranken. Zunächst zu den individuellen Hürden.

Die wesentliche Komponente im Veränderungsmanagement ist der Mensch. Dabei sind drei grundlegende Eigenschaften anzustreben:

- Flexibilität
- Toleranz gegenüber Unsicherheit
- Kreativität und Vorstellungskraft

Flexibilität ist integrativer Bestandteil des Lernens. Sie kann mit einem Regelkreis charakterisiert werden:

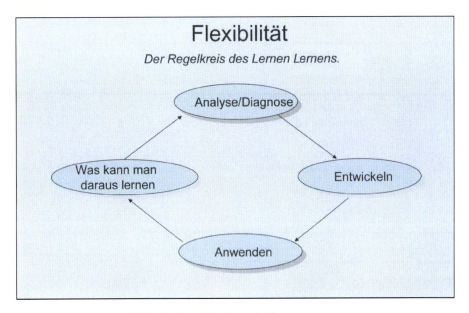

Abb. 12: Der Regelkreis des lernen Lernens

Angst vor Unsicherheit gilt als tief verwurzelte menschliche Eigenschaft.

Dementsprechend schwierig gestaltet sich die Entwicklung der notwendigen Toleranz gegenüber Unsicherheit. Die heute herrschenden Veränderungen in den Außenbedingungen bewirken ja eine latent schlummernde Unsicherheit. Wenn es gelingt, die Toleranz zu verstärken, kann das wiederum zu einer höheren Bereitschaft führen, gemeinsam einen neuen Weg zu gehen.

Schematisch kann folgendes Muster als Arbeitsmodell gute Dienste leisten. Die angestrebte Verhaltensweise ist natürlich die des Verstehens und Anpassens. Nur auf dieser Basis kann ein Veränderungsmanagement agieren. Den Schlüssel zu dieser Verhaltensweise bildet das Vertrauen.

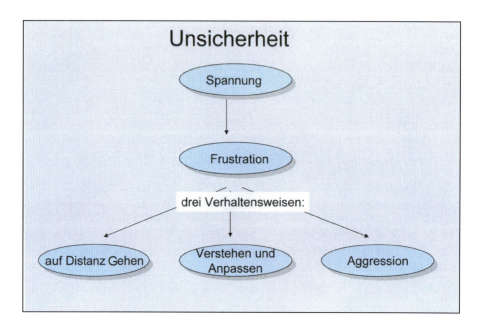

Abb. 13: Das Verhalten bei Unsicherheit

In Abbildung 13 werden die drei Reaktionen auf Angst und Unsicherheit schematisiert. Die wichtigste Maßnahme, um den „Mittelweg" einzuschlagen, ist Kommunikation und Einbeziehung in die Strategien, um der Unsicherheit und Gefahr zu entrinnen. Parallelen zum Kundenverhalten sind hier durchaus zu sehen. Durch Kommunikation und unterstützende Handlungen gelingt es, vertrauensbildend zu wirken. Vertrauen ist das notwendige Element für den goldenen Mittelweg.

Zu den organisationsbedingten Barrieren zählen:

- Bequemlichkeit im Status quo
- Kein Incentive, den Status quo zu verändern
- Boyle's Law: Mit steigendem Druck verringert sich das Volumen

Die Bequemlichkeit als Ausdruck einer Pseudo-Zufriedenheit mit Status quo ist eine der größten Barrieren. Insbesondere das Tagesgeschäft hält uns zumeist davon ab, strategische Fragen zu stellen und den Status quo auf sein nachhaltiges Andauern zu hinterfragen.

Zumeist sind die Anreizsysteme eines Unternehmens darauf ausgelegt, den Status quo zu festigen oder zumindest beizubehalten. Prämiensysteme, die Veränderungen belohnen, sind kaum zu finden.

Der dritte Punkt erscheint mir als der wichtigste. Steigender Druck von außen verringert das Volumen, das ist Boyle's Gesetz.
Auf die Veränderung bezogen, können wir es mit einer zunehmenden Innenorientierung vergleichen, die verhindert, entscheidende Themen anzugehen. Die Außenorientierung wird sozusagen eingeengt. Eine durch Angst hervorgerufene Verengung des Gesichtskreises. In der Avionik wird dieses Phänomen mit Tunnelvision beschrieben. Piloten verlieren in Stresssituationen die Fähigkeit, das normale Sichtfeld zu sehen. Sie sind nur noch in der Lage, das direkt vor ihnen liegende Geschehen wahrzunehmen – das Sichtfeld reduziert sich auf einen sehr kleinen Winkel mit der Konsequenz, Gefahren außerhalb dieses schmalen Bereiches nicht mehr wahrzunehmen.

Erfolgreiche Veränderungsstrategien müssen diese individuellen und organisations-inhärenten Barrieren adressieren und diese Herausforderungen meistern. Die Detailantworten sind in Kapitel 5 behandelt.

Aus all diesen theoretischen Überlegungen und den in vielen Projekten beobachteten Reaktionen lassen sich folgende Erfolgsregeln formulieren, die ich als Goldstandard für erfolgreiche Veränderungsstrategien betrachte:

A) Kommunizieren Sie die Strategie als Evolution und nicht als Revolution und konkretisieren Sie die aus der Veränderung erwarteten Resultate.

B) Consulting und Trainingsaufwand erfordern den Hauptanteil an Kosten und Zeit.

C) Top-Down Initiative und Unterstützung sind unumgänglich.

D) Bottom-up Ideen und Konzepte – insbesondere die Kundensicht müssen mittels Workshop Moderation sichergestellt werden.

A) Kommunikation hat insbesondere bei Start eines derartigen Projektes eine hohe Priorität. Durch die Top-Down Initiative versteht es sich von selbst, dass dies von den Führungskräften wahrgenommen wird.

B) In vielen Untersuchungen wurde nachgewiesen, dass Veränderungsstrategien die am meisten unterfinanzierten Themen in einer Organisation sind. Veränderungsprojekte sind anspruchsvoll hinsichtlich Verstehen und Lernen – ein Prozess, der sorgfältig und in höchstem Maße professionell angegangen werden muss. Die finanziellen Investitionen vergleicht man tunlichst mit den Kosten, die ein Scheitern des Projektes verursachen kann.

C) Der Anstoß muss von der Führung kommen und dies muss auch sichtbar sein. Idealerweise wird ein Meeting organisiert, bei dem die Geschäftsleitung die Strategie erklärt und die Erwartungen kommuniziert.

D) Die Ideen und Konzepte müssen von Außendienst und Marketing entwickelt werden. Die Moderation dieses Aspekts entscheidet über den Erfolg des Projektes. Es ist ein Eiertanz zwischen Akzeptanz und Ablehnung auf der einen Seite und zwischen hoher Qualität der Ideen und niederer Qualität der Ideen auf der anderen Seite.

Noch ein Wort zum letzten Punkt. Der Außendienst ist derjenige, der in ständigem Kontakt mit den Kunden steht. Die Ideen und Konzepte entstehen aus dem Zusammenspiel und den erfolgreichen Geschäften mit Kunden. Die erfolgreichen Außendienstmitarbeiter verstehen es, die Interaktionen mit Kunden wertschöpfend zu gestalten. Intuitiv oder wissend – ihnen ist der Wertekatalog der individuellen Kunden bekannt. Daraus und nur daraus können wiederum wertschöpfende Ideen und Konzepte entstehen. In der Arbeit werden abteilungsübergreifend diese Erfolgsstrategien gemeinsam gelernt und damit eine kundenzentrische Strategie entwickelt.

Über Change Management wurde schon immens viel geschrieben und diskutiert. Ist das wirklich ein so gravierender Tatbestand, dass Menschen versuchen, das Alte zu bewahren? Natürlich ist die Bequemlichkeit ein Element, das latent vorhanden ist. Aber Veränderung? Sehen Sie sich doch ein Bild von sich – nehmen wir einmal an, Sie sind so alt wie ich – an. Die zwanziger Jahre sind schon 30 Jahre her. Erkennen Sie sich wieder? Ja natürlich, aber würde Ihr Kollege Sie darauf erkennen?

Da sieht man eine gewaltige Veränderung, die da stattgefunden hat. Gehen Sie etwas in sich und denken Sie daran, wie Sie damals dachten und fühlten. Waren das noch Zeiten ...

Da hat sich doch unheimlich was abgespielt in den Jahren zwischen damals und heute. Wie haben Sie sich da verändert, das ist doch unübersehbar. Und wie geht es Ihnen heute damit? Ist doch alles kein Problem. Man ist glücklich – vielleicht glücklicher als damals, wo man noch gerne mit dem Kopf durch die Wand ging. Dieser Wandel ist schon faszinierend. Unsere Lebensumstände haben sich verändert und wir mit ihnen. Und hat mit uns jemand ein Change Management Programm gemacht? Vielleicht einmal jährlich, um nicht von der Welt zu fallen? Nein, das ging alles von selbst.

Es liegt doch in der Natur, dass Veränderungen permanent stattfinden. Und zwingend ist es für uns, uns anzupassen. Nun könnten wir doch ein Stück von dem, was mit uns selbst passiert ist, auf den Beruf und unser Unternehmen projizieren. Und schon sind wir flexibler geworden im Wettbewerb und können mit den neuen Anforderungen, die an uns gestellt werden, besser umgehen.

4.3.2 Notwendigkeit

Das Bedürfnis, den Status quo zu verändern, ist notwendig, um den Kick in Richtung Prozessdenken auszulösen.

Sind Sie im Management eines Pharmaunternehmens – heute im Jahr 2006 – so ist schwer vorstellbar, dass Sie sich mit den heutigen Rahmenbedingungen wohl fühlen. Der Kostendruck, hervorgerufen durch die mangelnde Finanzierbarkeit des heutigen Gesundheitssystems, wird an die Pharmaindustrie weitergegeben und wird die zukünftigen Margen massiv unter Druck setzen. Die Ressourcen sind rar und gleichzeitig ist die Zahl der Kunden eine limitierte

Größe. So limitiert, dass man heute schon anstelle von Return on Investment, kurz ROI, von ROC Return on Customer spricht.

Mir gefällt dieser Begriff außerordentlich gut, bringt er doch den kundenzentrischen Gedanken noch besser in unsere Produktivitätserwartungen hinsichtlich der zu bewerkstelligenden Investitionen.

Gleichzeitig werden die Zielgruppen differenzierter. Kunden sind heute nicht nur die Ärzte, sondern der „eigentliche" Kunde, der Patient, rückt immer mehr in den Mittelpunkt. Obwohl die Politik und die meisten Lobbyisten ihr letztes Machtpotential in die Waagschale werfen, um weiterhin steuernd einzugreifen und damit die eigenen Interessen durchzusetzen, wird das Prinzip „wer zahlt schafft an" nicht weiterhin so konsequent zu ignorieren sein. Tatsache ist heute, dass sich Patienten verstärkt um ihre eigene Gesundheit kümmern und mehr und mehr die Entscheidungen selbst in die Hand nehmen. Der Ausschluss des Patienten von den umfassenden Informationsmöglichkeiten, insbesondere dem Internet, ist heute nur für nicht Englisch sprechende Patienten gegeben. Delikaterweise ist die heutige aktuelle Rechtssprechung hinsichtlich der Unterscheidung zwischen Information und Werbung und deren Legalität lediglich eine Frage der Sprache. Auf englischen Websites finden sich umfassende Informationen zu Produkten inklusive der gängigen Handelsnamen.

Wir müssen uns also in Zukunft auch auf den Patienten als Kunden – mit direkten Interaktionen – einstellen. Das stellt uns vor neue Herausforderungen, denn diese Kunden sind anspruchsvoller und diese Ansprüche werden von den cleveren Anbietern noch weiter gesteigert. Indem einige Unternehmen die Wertschöpfungsprinzipien meisterlich umsetzen, setzen sie bei ebendiesen Kunden die Erwartungshaltungen höher. Eine Erwartung, bei der das Gros der Mitbewerber nicht mitziehen kann. Unzufriedenheit macht sich breit. Viele Untersuchungen deuten heute darauf hin, dass sich der Zufriedenheitsgrad bei den Interaktionen mit den großen Unternehmen in einer Talfahrt befindet. Interessanterweise sind die großen Verlierer im Ansehen der Konsumenten die Telekom Unternehmen und in den USA in den letzten Jahren auch die Pharmaindustrie.

Waren Kunden der Telekom vor dreißig Jahren noch hochzufrieden, wenn ein beantragter Telefonanschluss innerhalb von vier Wochen realisiert wurde, so wird diese Zeitverzögerung heutzutage zu massiven Protesten führen. Deshalb sind die Erwartungen – wie auch immer sie zustande gekommen sind – die Referenzgröße, und die sind im Steigen. Der Kunde ist die heiß umkämpfte und limitierte Größe in einem Markt, der alles für jeden anbietet und um die Gunst der Kunden buhlt. Das alles und noch mehr unterstützt durch eine noch nie da gewesene Transparenz über das Internet.

Nicht anders sieht es bei der Kundengruppe Ärzte aus. Sekundärleistungen wie Ärztefortbildung sind entscheidende Differenzierungsquellen in der Wertschöpfung der Mediziner.

Von dieser externen Betrachtungsweise blicken wir ins Innere der Organisationen. Die interne Situation lässt kaum andere Schlüsse zu.

Meine eigene Erfahrung im Marketing und Sales Management von vier der weltweit Top 30 Pharmaunternehmen sowie meine Arbeit als Berater bei weiteren sechs namhaften Pharmaunternehmen in vier europäischen Märkten und den USA hat mir gezeigt, dass die Kenntnis darüber, ob ein Arzt viel oder wenig verordnet, ziemlich verwässert ist.

Hier sehe ich auch die Chance, das Bewusstsein dass sich etwas ändern muss, zu etablieren. Versuchen Sie eine nominative Liste der regelmäßigen (= Kunden) Verordner zu erstellen und auf Außendienstgebiete herunterzubrechen. Vergleichen Sie diese Liste mit dem Besuchsverhalten und definieren Sie die Abweichungen im Sinne von verlorenen Kosten oder Blind-/Fehlbesuchen. Analysieren Sie Ihre Strategie im Falle von Neubesetzungen, Arztneuniederlassungen oder Veränderung in Richtung Gruppenpraxen oder neuerdings integrierter Versorgungsmodelle. Wundern Sie sich nicht über lächerliche Trefferquoten, unsinnige Besuchsfrequenzen und hohe Werbeausgaben für Nichtkunden.

Versuchen Sie festzumachen, wie viele Hochpotential-Verordner nach Ihren definierten Kriterien Sie pro Quartal gewonnen haben und wie viele verloren, im Gesamtmarkt, in der Region und im Gebiet.

Spätestens jetzt sollte die Motivation und die Notwendigkeit für eine Veränderung geweckt sein.

4.3.3 Bruch mit der Vergangenheit

Das Festhalten an Traditionen und einmal Gelerntem, zählt zu unseren existenzsichernden Eigenschaften.

Im krassen Gegensatz dazu berücksichtigt Prozessdenken keinerlei Traditionswerte. Was zählt, ist der wahrgenommene Wert einer Leistung – sei er neu oder alt. Das Schlüsselwort bei Hammer (1993) lautet „radikal". Seine Interpretation ist wörtlich. Es geht darum, einen bis zur Wurzel gehenden Neuansatz zu finden. Alles was bisher vermeintlich zum Erfolg geführt hat, ist für die Prozessanalyse irrelevant. Es geht tatsächlich um einen neuen Weg und nicht darum, die bestehenden Aktivitäten marginal zu verbessern.

Das Problem wird auch dadurch nicht einfacher, dass Vertriebs- und Marketingleute nicht sehr enthusiastisch gegenüber Prozessmaßnahmen sind. Die vermeintlich erfolgreichen Marketingstrategien aus der Vergangenheit entpuppten sich sehr oft schon vorzeitig als Geldtauschgeschäfte (Marketingbudgets gegen Marktanteile).

Aber vielleicht kann die verbesserungsbedürftige Integration der Marketingphilosophie in vielen Pharmaunternehmen es auch erleichtern, über die Neudefinition der Prozesse zu einem zeitgemäßen Ansatz des Marketings zu kommen.

Das Büffelherdenprinzip kann ohnehin nur in Zeiten mit rasch wachsendem Futter/Margen funktionieren.

Der Bruch mit der Vergangenheit ist auch ein wichtiger Teil für den Veränderungsprozess. Man kann das auch mit einem Aufschmelzen oder bewussten Entlernen der alten mentalen Modelle bezeichnen. Nur mit radikaler Veränderung ist es möglich, den Freiraum für neues Wissen zu schaffen.

Ein Höchstmaß an Disziplin ist für diesen Prozess erforderlich und alle Beteiligten müssen an einem Strang ziehen.

Vergleichbar mit einer (fiktiven) Entscheidung zur Umstellung auf Rechtsverkehr in Großbritannien. Wem würde schon einfallen, als ersten Schritt zu definieren, dass der Spurwechsel erst einmal nur für LKW gelten sollte.

Ähnlich verhält es sich mit den Veränderungsprozessen in der VKPA.

4.3.4 INFORMATIONSTECHNOLOGIE

Eine ganz wesentliche Rolle kommt der Informationstechnologie zu. Die hier dargestellten Erfolgsrezepte stützen sich auf den Einsatz der Technologie zur Unterstützung des Prozesses sowie auf die Technologieanwendungen zur Bereitstellung der notwendigen Metriken.

Falsch wäre es jedoch, die in den neunziger Jahren übliche Methode anzuwenden: Investiere in Technologie und das menschliche Verhalten wird sich entsprechend umstellen. Praktiziert bei früheren ETMS (Electronic Territory Management Systeme) Einführungen, rüstete man sehr rasch den Außendienst mit Laptops aus, in der Meinung, sie werden dann entsprechend der Applikationen ihr Verhalten umstellen und damit automatisch effizienter werden. Es stellt sich hier die Frage: Ist das der Grund, dass diese Projekte auch Sales Force Automation – SFA Projekte – genannt wurden?

Die Prozessunterstützung durch die Informationstechnologie bezieht sich auf:

- Organisatorisches Lernen durch Visualisierung der Geschäftsmodelle
- Unterstützung der Kommunikation

Ein alter Menschheitstraum (zumindest für Lerntheoretiker) war und ist es, die Konzepte und Nutzen des individuellen Lernens auf die Organisation zu übertragen, also eine Lernende Organisation zu schaffen. Peter Senge (The Fifth Discipline, 1990) hat diese Kunst zu Recht als fünfte Disziplin tituliert. Die theoretischen Ansätze sind heute fester Bestandteil in ambitionierten Veränderungsprozessen und Prozessanalysen.

Hatte ich selbst in früheren Projekten diesen Ansatz sehr wohl berücksichtigt, aber wohl nicht ausreichend in der Projektstruktur verankert, so haben meine Erfahrungen in den letzten Jahren den Wert dieser Simulationen und Visualisierungen als Grundvoraussetzungen beim Prozess bestätigt. Die Informationstechnologie ist heute hervorragend in der Lage, die Ursache-Wirkungsprinzipien darzustellen und das, was die Schule der Systemdenker als „what iffing" (Forrester, Systemthinking, 1965) was-wäre-wenn bezeichneten, visuell abzubilden. Verschiedene Anbieter stellen heute die entsprechenden Werkzeuge zur Verfügung (Aus meiner Sicht geeignet sind: Vensim® – trademark, Powersim® und IThink®).

Im Kapitel Simulation und Systemdenken wird diese Betrachtungsweise noch weiter vertieft.

Hinsichtlich der Metriken kann hier nicht intensiv genug der Forderung Nachdruck verliehen werden, das Messen als Grundelement zu betrachten. Ebenso muss das Messen nicht als Reportingfunktion betrachtet werden, sondern als Lernfunktion. Also Aufnahme der Ergebnisse und Reflektion im Sinne von positiv oder negativ und Konsequenzen für die zukünftigen Aktivitäten.

Ohne Informationstechnologie würden uns die Möglichkeiten der Darstellung der Metriken verschlossen sein oder einen erheblichen Arbeitsaufwand erfordern.

Entsprechend den organisatorischen Verantwortungsbereichen ist es auch notwendig, den Bereich Informationstechnologie des Unternehmens früh genug mit einzubeziehen. Die Wichtigkeit, während des Prozesses schon die elementaren Daten entsprechend aufzubereiten oder kreativ Lösungen zu finden, die dieser Grundforderung gerecht werden, sollte nicht unterschätzt werden.

Nicht nur für die Visualisierung ist es notwendig, die Informationstechnologie einzusetzen, auch für die eigentlichen Kommunikationsprozesse bieten sich Werkzeuge an, die die Produktivität von Meetings unglaublich steigern können. Seit etwa 15 Jahren arbeite ich mit Groupsystems ™. Der Nutzen aus dem Einsatz dieses Programms ist einzigartig, kann er doch die Zeit der Meetings auf die Hälfte reduzieren bei gleichzeitiger höherer Leistung hinsichtlich Ideen, Beiträge und Konsens für die Strategie.

Die Möglichkeiten, die sich heute dem Marketing eröffnen, können hier nicht vertieft werden. Wichtig ist, die Informationstechnologie und alle Möglichkeiten, die sie heute dem Marketing und der Menschenführung bietet, aufzugreifen.

Mir ist noch ein Spruch aus den neunziger Jahren sehr präsent. Auf einer Managementkonferenz im Zusammenhang mit ETMS wurden die IT Kollegen mit der Aufforderung animiert: Übernehmt diese Projekte, sie sind zu wichtig, um sie dem Marketing zu überlassen. In diesem Sinne, denke ich, ist es für meine Marketingkollegen wichtig, sich in die Informationstechnologie einzuarbeiten, um für derartige Projekte und im e-Marketing entsprechend virtuos zu werden. Die grundsätzlichen Trends sprechen für diese neue Ära des Marketings – weil der Kunde das Marketing definieren wird. Wenn der sich nicht in uns verliebt, verliebt er sich in jemanden anderen und unser Geschäft ist beendet.

Erfolgreiche Projekte haben ganze Industrien und Abläufe auf den Kopf gestellt oder eliminiert.

Wenn die Toyota Autofabrik in Lens in Frankreich als eine der modernsten und kosteneffizientesten der Welt ein just in time Lieferkonzept von zwei Stunden fährt, dann ist dies nur Ausdruck einer total prozessorientierten Steuerung der Produktion.

Wenn Versicherungsunternehmen die Abläufe für Schadensabwicklungen von 50 Tagen auf zwei Tage und die entstehenden Kosten um 95% reduzieren konnten …

Alle kennen wir diese Beispiele. Wiederum handelt es sich um Produktions- oder Logistikprozesse. Die Schwierigkeit, Verkaufsprozesse erfolgreich zu verbessern, wurde schon mehrfach erwähnt. Ich verweise hier auf die am Schluss des Buches zusammengestellten Resultate. Sie ermutigen und können jetzt in der Frühphase schon derartige Aktivitäten mehr als legitimieren.

Dann gibt uns diese Erfahrung eine berechtigte Hoffnung auf Produktivitätssteigerungen in einem Bereich, der bis dato ziemlich unbeackert dahinsiecht.

Die Erfahrungen, die ich im Abschnitt 7.4 näher darstelle, geben dieser Hoffnung durchaus Berechtigung und rechtfertigen auch von einer Wende von „alten" Pharmastrategien zu „neuen" dynamischen Marketingmodellen zu sprechen.

5

DIE PROZESSANALYSE UND ANWENDBARKEIT AUF DEN VERKAUFSPROZESS

5.1 Unterschied zu anderen Unternehmensprozessen

Aus den in den vorangegangenen Kapiteln angeführten Beispielen kann eine gewisse Euphorie bei den Prozessdenkern nachvollzogen werden. Die große Frage erhebt sich – warum hört man kaum Beispiele oder Erfolgsgeschichten von Verkaufsprozessen?

Die Antwort liegt klar auf der Hand. Bei Logistik- oder Produktionsprozessen sind alle Abläufe steuerbar oder zumindest vom Risiko her zumeist einschätzbar. Bei Verkaufsprozessen gibt es eine sehr wichtige Komponente, die sich der Definition oder Steuerbarkeit sehr eigenmächtig entzieht – der Kunde. Er steht prozesstechnisch außerhalb des Ablaufes, nimmt aber sehr wohl eine prominente Rolle wahr: die desjenigen, der den Wert misst und entsprechend handelt. Er spielt daher eine zentrale Rolle, die sich unserer Einflussnahme nicht direkt erschließt. Laut einer Untersuchung (J. Dickie und B. Trailer, Guide to Sales Process Optimization, 2003) haben erst 15 % aller Unternehmen in den USA einen Verkaufsprozess, der regelmäßig analysiert und begleitet wird. Das ist nicht gerade viel, noch dazu mit dem Wissen, dass die Unternehmen vom Verkaufen leben.

Idealerweise sollte eine Prozessanalyse den Kaufprozess des Kunden zum Gegenstand nehmen und damit dem Kundenfokus entsprechen. Das Dilemma ist, wir haben kaum eine Kontrolle über diesen Prozess, der ja immer auch wieder von externen Organisationen gesteuert wird.

Hier gab es viele Versuche, diese Seite zumindest im Prozess zu spiegeln. Vielleicht gelingt es, plausible Ansätze zu finden. Eigene Erfahrungen insbesondere mit Fokusgruppen und Befragungen konnten keine Informationen bringen, die Aufschluss darüber geben, wie dieser Prozess beim Kunden strukturiert ist. Die Ergebnisse, die aus derartigen Methoden kommen, sind für die Verbesserungsstrategien nicht aufschlussreich. Wir kennen alle die Entscheidungsgründe für Verordnungen von Ärzten, die sehr rational klingen und die Themen Nebenwirkungen, Wirksamkeit und Kosten/Nutzen umfassen.

Andererseits ist ja der wahrgenommene Wert des Kunden für ihn selbst eine sehr ideelle Größe – nur messbar in seinem Verhalten, sei es, dass er einen bestimmten Geldbetrag dafür zahlt oder bestimmte Entscheidungen trifft. Wenn es uns gelingt, diese Wertschöpfung zu erreichen, d.h. einen Prozess zu gestalten, der zur Kaufentscheidung für unser Produkt führt, dann stellt sich der Erfolg ja auch, ohne zu wissen, wie der Prozess abläuft, ein. Er entsteht ganz einfach in den steigenden Verordnungszahlen.

Aus den vorangegangenen Überlegungen ist ein Punkt von immenser Bedeutung. Der Prozess muss kundenzentrisch gesehen werden. Es haben nur die Aktivitäten Relevanz, die einen Nutzen für Kunden repräsentieren und die die Beziehung selbst und damit die Erfahrung, die der Kunde macht, im Laufe der Zeit an die individuellen Bedürfnisse des Kunden anpassen (Peppers & Rogers Group 2003).

Das Büffelherden Prinzip widerspricht dieser Forderung ganz erheblich, wurden doch in zahlreichen Untersuchungen bei Ärzten festgestellt, dass zunehmend Verärgerung bei der Ärzteschaft über diese für den Arzt zeitraubende Strategie entsteht.

Doch diese Entwicklung wurde im Rahmen einer Studie in den USA (Pharmaceutical Executive May 2003) noch näher hinterfragt. Die Ergebnisse sind ziemlich ernüchternd.

70 % der Ärzte denken, dass die Information durch Pharmareferenten subjektiv ist. Nur 25 % der Pharmareferenten vermitteln in ihren Besuchen neue Informationen. Dieses Resultat wird noch gekrönt durch die Tatsache, dass sich die durchschnittliche Gesprächszeit von 4 Minuten auf 90 Sekunden verkürzt hat. Alles nachdem innerhalb von zwei Jahren die Gesamtstärke aller Außendienste um 30 % auf über 80.000 aufgestockt wurde.

Sehr wohl weiß man heute durch die verbesserten Messinstrumente, bei wie vielen Besuchen die optimale Besuchsfrequenz im Durchschnitt liegt, doch die praktische Anwendung zeigt immer wieder, dass nur ein Bruchteil der Ärzte „ihren" individuell richtigen Mix erhält.

Gerade Verkaufsprozesse benötigen in hohem Ausmaß den Kundenfokus. Und zum Kundenfokus sind Metriken, die zeigen, welche Aktivitäten wertschöpfend wirken, unabdingbar.

Einige Produktivitätsbeispiele im Pharmabereich
Potential mit einigen Beispielen

In Fortsetzung der vier aufgezeigten Schwundmodelle:

- Besuchsschwund,
- Besuchs-Gedächtnisschwund,
- Zielgruppenschwund und
- Nachfrageschwund,

zeigt eine simple Zahlenreihe die Dimension des Potentials der Verkaufsprozessanalyse:

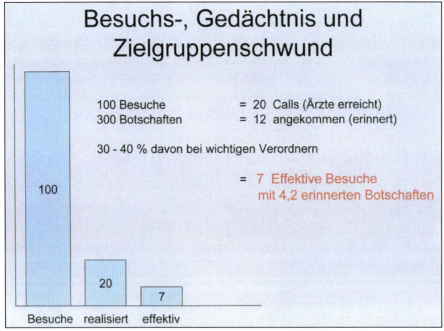

Abb. 14:   Besuchs-Gedächtnis- und Zielgruppenschwund

Praktisch bewegt sich ein Gros der Pharmaunternehmen in den entwickelten Märkten mit einem Wirkungsgrad von vier bis sieben Prozent.

Ein Zyniker würde hier hinzufügen, dass es diesem geringen Wirkungsgrad zu verdanken ist, dass die Pharmaindustrie nicht schon längst mit lautstarken, massiven Protesten überrollt wird.

Positiv betrachtet ist dieses Ausmaß aber ein unermessliches Potential und eine schöne Herausforderung, mittels effektiver und effizienter Methoden diesen Schatz zu bergen.

Der Lohn dafür ist nicht nur eine verbesserte Ertragssituation für das Unternehmen; mehr zufriedene Kunden werden auch das angekratzte Bild der gesamten Industrie wieder aufpolieren und ihr wieder zu dem Glanz verhelfen, den die Pharmaindustrie früher einmal hatte.

Gleichzeitig wird hier nicht eine Methode propagiert, die in einem radikalen Abbau der personellen Überkapazitäten gipfelt, sondern sie ermöglicht gleichermaßen Produktivität und Kundenausweitung, die ja zu den Umsatzsteigerungen führt.

Wie dramatisch die Effekte sich auf die Gewinnsituation auswirken, soll folgende Abbildung veranschaulichen:

Das Potential, mittels Umsatzverbesserungen Gewinne zu steigern:

	Ausgangs-situation	Reduktion M/V Kosten um 5%	5% Mehrumsatz
Umsatz	100	100	105
- Wareneinsatz	40	40	40
=Bruttogewinn	60	60	65
- Fixkosten/Verw.Admin.	15	15	15
- Marketing/Vertr.Kosten	25	23,8	25
=Gewinn v. Steuern	20	21,2	25
Gewinnsteigerung:		6%	25%

Abb. 15: Das Potential, mittels Umsatzverbesserungen Gewinne zu steigern

Während eine Reduktion der Marketing- und Vertriebskosten lediglich geringe Gewinnverbesserungen herbeiführen kann, wirkt sich eine Umsatzverbesserung weitaus positiver aus. Der Gewinn kann damit viermal mehr gesteigert werden!

Wie oft haben wir Marketingleute es ertragen müssen, in schwierigen Zeiten den Rotstift angesetzt zu bekommen, und trotzdem wurden die Ziele nicht erreicht?

Diese schlummernden Potentiale, Reduktion des Schwundes und Steigerung des Wirkungsgrades von 5 auf 30 oder 40, was einer Versechsfachung der Umsatzmöglichkeiten entsprechen würde, das ist doch eine spannende Herausforderung!

5.3 Erfolgsbeispiele aus verschiedenen Branchen

Verkaufsprozessanalysen sind in Europa noch relativ selten, daher gibt es auch kaum lokale Beispiele zu berichten. Im Gegensatz dazu liefen in den USA mittlerweile eine Reihe von sehr erfolgreichen Projekten, die auch sehr gut dokumentiert sind. Insbesondere die Six Sigma Bewegung – ein Beraternetzwerk basierend auf den Six Sigma Ansprüchen, ist derzeit sehr en vogue. Und dabei befinden sich auch etliche Projekte, die Vertrieb und Marketing einbeziehen.

Vielfach wird das Verkaufen als Kunst verstanden. Nur wer wirklich talentiert ist, wird auch erfolgreich sein. Diese traditionelle Betrachtungsweise hat zum Teil schon ihre Richtigkeit. In der Tat müssen Verkäufer das Wissen kundengerecht übergeben, die Kunden weiterbilden und emotionell binden. Über die Vertrauensschiene entwickeln sich die Loyalität und die Kundenbindung. Diese Beziehung muss auch vom Kunden gewollt sein. All das kann man mit dem Begriff „Kunst" gut beschreiben. Trotzdem liegen eine Menge Methodik und Messen in dieser Kunst.

So berichten Vavricka und Trailer (Joe Vavricka und Barry Trailer, Performance Measures in a Sales Organization, 2005) von einem Beispiel in einem Unternehmen, das überaus erfolgreich CRM Systeme verkauft. Als Benchmarking mit anderen Industrien ist dieses Beispiel hervorragend geeignet. Betrachten wir die bei dieser Fallstudie festgelegten Schlüsselzahlen als Key Performance Indicator (KPI), so können sie auch für unser Geschäft zielführend sein:

Input Umsatzgröße pro Monat – zu vergleichen mit neue Testkunden pro Monat (zum Verständnis der Begriffe Testkunden, Stammkunden etc. siehe Abb. 9 in Kapitel „Schlüsselbegriff Prozess").

Qualität neuer Verkaufsprojekte – Qualität der Testkunden (bezogen auf den Verkauszyklus = kürzere Durchlaufzeit bis er Topkunden-Niveau erreicht).

Closing Rate pro Prozessstufe – Prozentsatz der Aufstiege pro Monat (in die nächst höhere Stufe wie z.B. von Testkunden zum tatsächlichen Kunden).

Pipeline in % gefüllt – Anzahl der Kunden, Stammkunden und Topkunden entsprechend dem Monatsumsatz.

Verkaufsprojektdurchschnittsgröße – Qualität der Testkunden bezogen auf Potential.

Diese neue Betrachtungsweise führt zu besseren Vergleichen auch untereinander und zu einem besseren Gefühl für die erfolgreichen Strategien.

In einem Zweijahresvergleich wurden die Ergebnisse genauestens anhand der Schlüsselzahlen ausgewertet und das Ergebnis war frappierend.

Die Zahlen: Pipeline in % gefüllt stieg von 33 % auf 60 %, der Verkaufszyklus reduzierte sich von 6,1 Monaten auf 5 Monate, die Closing Rate pro Prozessstufe verdoppelte sich von 14 % auf 31 %. Die Umsätze stiegen innerhalb von 3 Quartalen um 40 %!

Im Resümee dieser Fallstudie wurde festgehalten:

Verkaufen ist ein Produktionsprozess, der gemessen werden kann. Wenn auch nicht exakt vergleichbar mit einem Produktionsprozess, so ermöglichen diese KPI (Schlüsselzahlen) dem Management, zeitnahe und entscheidende Informationen zu geben, die zeitnahe strategische und operationelle Entscheidungen ermöglichen.

Die Entwicklung eines strukturierten Prozesses hatte keine negativen Effekte auf die Leistung und die Motivation der Mitarbeiter. Im Gegenteil, die Effekte waren alle positiv. Diese Resultate zeigen ganz deutlich, dass das Messen in Verkauf und Marketing den Zielsetzungen ungemein hilft.

6

DIE ERFOLGSREZEPTUR FÜR DIE ANALYSE DES VERKAUFSPROZESSES

Darstellung der Formel – Erklärung
Zusammenhang mit operationellen Innovationen

Mit der Diamantformel werden die elementaren Bereiche der erfolgreichen Verkaufsprozessanalyse (VKPA) zu einer Synergie verschmolzen. Die Härte des Diamanten steht für die Unzertrennlichkeit der Elemente. Nur das Zusammenwirken kann eine erfolgreiche „neue" Arbeitsweise erschließen.

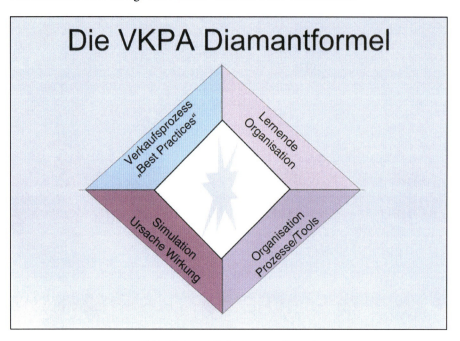

Abb. 16: Die VKPA Diamantformel

Der Diamant steht zudem auch für den Reichtum, den die VKPA für das Unternehmen generieren kann. Diese vier Elemente müssen im Ablauf des Projektes ineinander greifen. Der Verkaufsprozess, modelliert nach der Vorgehensweise, die Topmitarbeiter zumeist „aus dem Bauch heraus" in ihrer Tätigkeit anwenden, kann nur im Rahmen eines entwickelten Teams – zu einer Lernenden Organisation – plausibel gemacht werden.

Mit der Einbindung der Topverkäufer überträgt sich auch der Glanz der Erfolgreichen auf das Team. Das Fassen dieses Prozesses in gemeinsam verstandene Modelle im Sinne von Geschäftsmodellen ist der wichtige Schritt. Das Messen dieser Modelle und Ausgestalten mit Schlüsselzahlen als Metriken und Einbringen in ein Simulationsmodell gewährleistet die notwendige Transparenz. Die Arbeit mit einem Simulationsmodell und die Entdeckung der wahren Ursache- Wirkungsrelationen erlauben die Visualisierung eines „Flugsimulators" und ermöglichen das Ausprobieren von verschiedenen Strategien im Geschäftsmodelllabor.

Diese Simulationen, gemeinsam im Team durchgespielt, verstärken das Verstehen des Modells und das Erkennen von unrealistischen Abläufen im Verkaufsprozess. Das impliziert Systemdenken im Sinne von Metanoia (P. Senge, The Fifth Discipline) und hilft, dass sich die Teilnehmer von der klassischen Vorgangsweise lösen können. Metanoia ist hier als fundamentale Änderung des Denkens gedacht und damit als Ergebnis eines tief greifenden Lernens. Eine Veränderung entsteht, die zu einer Neuorientierung führt, und die Teilnehmer empfinden diese Neuorientierung nicht mehr als Bedrohung, sondern im Gegenteil: als Notwendigkeit. Indem alle Elemente des Diamanten in den Projektablauf integriert werden und dies als gemeinsame positive Erfahrung erlebt wird, können die Team-Mitglieder das „Neue Modell" angstfrei bearbeiten.

6.2 Verkaufsprozess „Best Practices"

Best Practices führt zu Veränderung

In vielen meiner vergangenen Prozessprojekte wurde verlangt, diese „Erneuerung" so zu gestalten, dass sie für alle in der Organisation anwendbar wird. Selbst die schwächsten Außendienstmitarbeiter sollten mit „im Boot" sein können.

Das hat dazu geführt, dass die Pilotgruppe mit Mitarbeitern besetzt war, deren Leistungen sehr unterschiedlich waren.

Das war eine Hürde, die die Erfolge stark blockiert hat. Ja vielleicht den Erfolg zunichte gemacht hat. Das Thema Best Practices auch im Sinne von Benchmarking bietet hier eine Lösung, die für die Verkaufsprozessanalyse von immenser Bedeutung ist. Besonders günstig verhält es sich, wenn man sich innerhalb des eigenen Unternehmens umsieht und herausfindet, wer was richtig macht, also die Best Practices in der eigenen Organisation propagiert.

Wie aus einigen Untersuchungen hervorging, sind die Leistungsunterschiede innerhalb eines Unternehmens außerordentlich beeindruckend.

Besonders illustrativ ist ein Beispiel einer Berechnung, die von Pfizer durchgeführt wurde. Diese Analyse zeigte, dass die Top 20 % der Außendienstmitarbeiter 222 % mehr Besuchszeit (Zeit gemessen pro Besuch) bei Hochverordnern generieren als die unterste Gruppe (gemessen in Quartilen). In Verordnungswert gemessen erreichen die Top Pharmareferenten 150 % mehr als der Durchschnitt.

Beim Best Practices Ansatz geht es darum, das, was erfolgreiche Außendienstmitarbeiter an Struktur und Auswahl für sich als Regel etabliert haben, darzustellen und auf den gesamten Außendienst zu übertragen. Im Wesentlichen beinhaltet die Best Practices Technik, von den Guten zu kopieren, anstatt das Rad neu zu erfinden. Also ein seit Menschengedenken verfolgtes Prinzip.

Das Problem besteht darin, dass die „Guten" ihr Verhalten entweder gar nicht strukturieren können oder auch Schwierigkeiten damit haben, diese Praktiken weiterzugeben, und sich sperren. Aus meinen Beobachtungen weiß ich, dass Ersteres die Hauptbarriere darstellt. Die vorgeschlagene Methodik nach der Diamantformel zieht den Nutzen aus dem Zusammenspiel der einzelnen Elemente. Durch die Schaffung einer Lernenden Organisation und die Simulation der

Modelle werden diese „hervorragenden Praktiken" sichtbar gemacht, in einer allseits verständlichen Form dargestellt und gemeinsam verstanden. Damit ist die Zugänglichkeit dieser „Hochleistungsprozesse" auch für schwächere Mitarbeiter hergestellt.

Best Practices, obwohl uralt, hat sich erst in den letzten Jahren als Standardmanagement Werkzeug etabliert. Somit ist es heute leichter, diese, oberflächlich betrachtet, elitäre Vorgangsweise zu integrieren. Gleichwohl ist dieses Werkzeug vermutlich die älteste und am meisten eingesetzte Verhaltensweise, die wir kennen.

Schon Kon Fu Tse hatte festgestellt:

Der Mensch hat dreierlei Wege, klug zu handeln, erstens durch Nachdenken, das ist der edelste. Zweitens durch Nachahmen, das ist der leichteste. Drittens durch Erfahrung, das ist der bitterste.

Aus heutigen Lerntheorien wissen wir ja auch, dass das Nachahmen erfolgreicher Verhaltensweisen zu den zwei Grundelementen des Lernens gehört. Zusammen mit dem Konzept „Versuch und Irrtum" bilden sie das Gesetz der Lerntheorie in der Verhaltensorientierten Wissenschaft.

Die Auswahl der Außendienstmitarbeiter, die exzellente Leistungen erbringen, sollte einfach sein. Vor allem herausragende Leistungen bei den Schlüsselzahlen sind ein guter Indikator. Gute Kommunikationstalente sind für das Projektteam immer förderlich. Wie die Prozesse ablaufen und sichtbar gemacht werden, ist Sache der Diamantformel.

Die Definition von Best Practices ist im Sinne von kundenzentrischer Vorgangsweise zu sehen. Der erfolgreiche Pharmareferent versteht es, Werte zu produzieren. Sein Besuch ist für viele Ärzte sehr wertvoll. Die Produkte, die er bespricht, steigen in den Augen der Ärzte im Wert. Der Besuch als solches ist als Erlebnis gestaltet. Er hat ja auch eine erhebliche Anzahl an Topkunden (siehe oben – bis zu 30 mal mehr als der untere Durchschnitt).

Die Vorteile der Berücksichtigung des Konzeptes „Best Practices" lassen sich mit drei Charakteristiken zusammenfassen:

a) Die Darstellung des Modells ist glaubwürdig.

b) Bei Ausweitung des Projektes ist der Erfolg sichergestellt.

c) Teilnehmer gehen mit großer Neugier an das Modell heran.

a) Die Glaubwürdigkeit des Modells wird nicht in Frage gestellt, da ja die Topmitarbeiter auch anerkannt gute Leistungen erbringen. Die Schwächeren tendieren auch dazu, sich deren Methoden anzueignen.

b) Die gegenseitig-kritische Betrachtung der durchaus unterschiedlichen Abläufe innerhalb der Best Practices Gruppe und die Diskussionen verhindern neue Abläufe, die schlechter sind. In den dazwischengeschalteten Phasen praktischer Feldarbeit werden diese Ansätze überprüft und damit die Praxisbezogenheit sichergestellt.

c) Bei Ausweitung der Pilotgruppe auf den übrigen Außendienst sind diese sehr neugierig, was deren Modelle von den eigenen praktizierten Modellen tatsächlich unterscheidet. Diese Neugier ist ein wichtiger Faktor und hilft bei der Umsetzung.

Schon die Zusammenstellung der Pilotgruppe mit den Leistungsträgern in der Außendienstorganisation stellt gewisse Ansprüche insbesondere an das Management. Zumeist gibt es eine „informelle" Hierarchie in der Organisation, die möglicherweise Würdenträger in Abhängigkeit der Unternehmenskultur pflegt, die jedoch nicht unbedingt zu den „High Performern" gehören. Kontinuierliche Bestleister, deren Kennzahlen hinsichtlich Marktanteilsentwicklung, Umsatzentwicklung oder Ertragsentwicklung im Spitzenfeld liegen, sollten in diese Pilotgruppe aufgenommen werden, auch wenn häufig gewisse Starallüren und sehr oft auch hinsichtlich Kommunikation gewisse Nachteile zu erwarten sind. Die „Herausgabe" der individuellen Erfolgsrezepte wird nicht sehr gerne gemacht oder sie ist nicht strukturiert und kommunikationsfähig vorhanden.

Bei geschickter Moderation, durch einen Moderator, der nicht der direkten Hierarchie angehört, oder einen externen Berater, lassen sich diese Startprobleme gut meistern. Zu Beginn der Projektarbeit bestehen in der Regel Hürden, die es zu meistern gilt. Es ist vor allen Dingen darauf zurückzuführen, dass das Vertrauen innerhalb der Gruppe, das Vertrauen zu den Vorgesetzten und die in allen Organisationen vorhandene Latenz des Misstrauens gegenüber den „neuen" Maßnahmen oder Prozessen erst erarbeitet werden müssen. Alle haben ja schon die verschiedenen „Wellen" von neuen strategischen Konzepten über sich ergehen lassen müssen. Aus der Perspektive der Mitarbeiter waren die Erfolge nicht sehr überzeugend. Diese Projekte sind auch sehr oft im Sande verlaufen. Diese Denke „jeden Tag wird ein neuer Hund durchs Dorf getrieben" muss zunächst abgebaut werden.

Ohne jetzt auf den genauen Ablauf einzugehen (wird im Kapitel 8 detailliert behandelt), erfolgt an dieser Stelle eine Reflexion zu den beeinflussenden Schritten.

Einleitend ist der Gruppe darzustellen, was zu diesem Workshop geführt hat. Im Kapitel 2 und 3 wurde bereits darauf ausführlich Bezug genommen. Die Entscheidung der Führungshierarchie im Sinne eines Top-Downs ist klar darzustellen, ohne die Erwartungen zu sehr zu betonen. In dieser Phase handelt es sich immer nur um ein Projekt, ein Scheitern muss genauso als Möglichkeit ins Auge gefasst werden. Ich halte es sogar für richtig, dieses Ausstiegsszenario an die Gruppe zu delegieren. Das „Scheinwerferlicht" ist im Zeitraum des Zusammentreffens schon auf die Gruppe gerichtet, daher genügt es, diese Verinnerlichung, die in dem Moment bereits stattfindet, den individuellen Verlauf gehen zu lassen. In diesem Sinne hat es sich auch als sehr unterstützend erwiesen, einzelnen Mitgliedern der Gruppe ein Verlassen offen zu halten, ebenso diese Möglichkeit dem Moderator zu bieten, wenn verschiedene Hinweise darauf existieren, bei der Erarbeitung eines Modells abträglich zu sein.

Meistens ergibt sich eine sehr heterogene Zusammensetzung der Gruppe, die auch sicherstellt, dass die Diskussionen im weiteren Verlauf immer engagierter werden. Best Practices für Pharmaaußendienste sind weit weg von einem einheitlichen Standard – sicherlich wie jede andere Vertriebstätigkeit auch. Das erste „Abtasten" bringt auch überraschende Fakten zutage. Die Spanne von unterschiedlichen Verhaltensweisen in Bezug auf die Lösung der täglichen Probleme von Planung bis Ausführung ist ein reicher Schatz an auszutauschenden Informationen. Diese gilt es zu kanalisieren und nach und nach zu einem Geschäftsmodell zusammenzusetzen.

Ganz allgemein ist diese Projektphase in ein sehr positives Gefühl eingebettet, es ist ja ein „elitäres" Treffen – die Wertschätzung des Unternehmens bietet den Teilnehmern ein angenehmes „Federbett". Das sollte natürlich nicht zu einem wohlgefälligen Geplauder und Ausruhen verführen. Das Thema ist heiß genug, als dass es zu genüsslichem Verharren einlädt.

Die Tatsache, dass die Topverkäufer ihre Kollegen in den unteren Leistungsstufen um das bis zu Dreißigfache in den Ergebnissen (Besuch des richtigen Arztes mit der richtigen Botschaft zur richtigen Zeit) übertreffen, gibt den Projektverantwortlichen natürlich eine Sicherheit. In den ersten 5 Monaten eines derartigen

Projektes konnte die Pilotgruppe bereits ihren eigenen hohen Standard weiter übertreffen. Das kann man auf den Hawthorne Effekt (Untersuchung in den Hawthorne Werken 1924) zurückführen, der ja bewies, dass alleine die Hinwendung, die eine Versuchsgruppe erfährt, zu Leistungssteigerungen führt. Die bedeutendere Ursache ist aber darin zu sehen, dass ein funktionierender Lernprozess etabliert wurde, auf den später noch eingegangen wird.
Die Zusammenstellung einer Best Practices Gruppe ist also ein in jeder Beziehung wichtiger und auch lohnender Aspekt.

Die Tatsache, dass selbst in der Hochleistungsgruppe ein Lerneffekt stattfand, fand ich besonders bemerkenswert. Die Visualisierung der individuellen Modelle hatte einen Überraschungseffekt für die einzelnen Teilnehmer, da durchaus unterschiedliche Vorgangsweisen oder Praktiken vorhanden waren. Dabei waren die Unterschiede derartig groß, dass Optimierungen für einzelne Teilnehmer ganz offen sichtbar wurden. Beispielsweise wurden von einigen Teilnehmern große Ressourcen in die Qualifizierungsphasen gelegt. Anhand des Modells war klar, dass die Menge in den weiter oben angeordneten Prozessen gar nicht bearbeitet werden konnte. Diese Fehler konnten sofort korrigiert werden und damit war auch innerhalb der Hochleistungsgruppe eine effizientere Vorgangsweise sichergestellt. Es ist immer wieder ein phantastisches Erlebnis zu sehen, dass selbst die Topgruppe besser wird!

6.3 ORGANIZATIONAL LEARNING

Lernende Organisation führt zur Nachhaltigkeit

Das Konzept „Lernende Organisation" wurde bereits vor vielen Jahren thematisiert und viele Projekte zur Schaffung der richtigen Umgebungsbedingungen analysiert. Die zunehmende Veränderungsdynamik der Umwelt führt ja dazu, dass das vorhandene Wissen in Unternehmen immer schneller veraltet und durch neues ersetzt werden muss. Die Folge daraus ist, dass nur Unternehmen, die eine Lernfähigkeit entwickeln, die Veränderungen heil überstehen können. Diejenigen Unternehmen, die dabei eine herausragende Qualität erreichen, können sich auch einer reichen Quelle für Wettbewerbsvorteile erfreuen. P. Senge (1990) hat die fünf Disziplinen beschrieben, die die Lernende Organisation ausmachen:

Personal Mastery:
Persönliche Reife und die Persönlichkeitsentwicklung sind die Ergebnisse des individuellen Lernens. Die beständige Arbeit jedes einzelnen Mitglieds an der eigenen Persönlichkeit und Vision liefert die geistige Basis der gesamten Organisation.

Es geht also darum, reife, entwickelte Mitarbeiter zu beschäftigen, die in der Lage sind, ihren Aufgabenbereich zu meistern. Es konnte bereits im Abschnitt zu Best Practices gezeigt werden, dass Personen in der Projektgruppe sind, die herausragende Eigenschaften haben. Daran sollte sich die Organisation orientieren und mittels der Gestaltung der Verkaufsprozessanalyse wird auch sichergestellt, dass diese Mitarbeiter entsprechend Gehör finden.

Mentale Modelle:
Dies ist ein Sammelbegriff für kulturelle Sichtweisen, Überzeugungen, Vorurteile, festgefahrene Vorstellungen und andere intuitive Erklärungsmuster, mit denen Individuen ihre Umwelt interpretieren. Damit Lernen möglich ist, muss das Management hinderliche mentale Modelle entlarven, wirksame Modelle sichtbar machen und damit Offenheit für Lern- und Veränderungsprozesse schaffen. Die von mir angeführten Metaphern mit Adler und Büttel bieten hervorragend die Möglichkeit, diese mentalen Modelle griffig zu veranschaulichen. Im weiteren Verlauf des Projektes nehme ich dann gerne wieder Bezug auf diese Metaphern oder Modelle.

Shared Visioning:
Gemeinsame Vision. Die von allen Mitgliedern einer Organisationseinheit (z.B. dem Projektteam) geteilte Vision ist die stärkste Motivation für das gemeinsame Arbeiten auf ein Ziel hin. Voraussetzung dafür ist, dass jeder Akteur die gemeinsamen Ziele versteht und sich mit ihnen identifiziert. Das gemeinsame Erarbeiten dieser Vision garantiert die Identifikation.

Aus der von der Gruppe getragenen Vision sind Strategien und Aktivitäten zu entwickeln, die mit dieser Vorgehensweise kongruent und umso zwingender werden. Dies drückt sich dann ganz besonders bei der Festlegung der Metriken aus. Diese Schlüsselzahlen sind der Maßstab für den Erreichungsgrad (oder Abweichungsgrad) der festgelegten Strategien.

Team Learning:
Lernen im Team. Im Gegensatz zum individuellen Lernen entsteht beim echten „Lernen im Team" eine sog. „Gruppenintelligenz", die höher ist als die Einzelintelligenzen der Mitglieder. Voraussetzung dafür ist, dass die Gruppenmitglieder aus einer inneren Verbundenheit heraus zu einem gemeinsamen Verstehen gelangen.

Ist schon das individuelle Lernen eine Kunst für sich, da wir ja durch den Bildungsweg geradezu unserer Fähigkeit zu lernen beraubt wurden, so ist das Gruppenlernen eine nächst höhere Entwicklungsstufe des Lernens. Zu diesem Gruppenlernen sind verschiedene „Zutaten" notwendig. (H.J. Bullinger: Lernende Organisationen, 1996) Zunächst ist dies die Kommunikationsfähigkeit in der Gruppe. Die Verkaufsprozessanalyse hat hier einen großen Vorteil. Die Gruppe hat dieselben Aufgaben und die Mitglieder kennen sich meist schon geraume Zeit. Der Jargon ist allen geläufig und beim skizzierten Ablauf sind die Visionen, Ziele und Strategien bereits erarbeitet und gelernt. Damit ist die Basis der Kommunikationsfähigkeit vorhanden und der Moderator hilft, Kommunikationslücken aufzuzeigen und gemeinsam verständlich zu machen. Insbesondere ist eine Transformation des vorhandenen impliziten Wissens zu unterstützen. Implizites Wissen wird hier als „stilles" Wissen verstanden. Es ist schwer verbal darzustellen, da es zumeist nur in Modellen und Überzeugungen vorhanden ist. Die Umwandlung dieses stillen Wissens in explizites Wissen ermöglicht der Gruppe, in neuen Denkmustern zu arbeiten und auf diese Weise innovative neue Lösungen zu finden.

Des Weiteren ist eine Konsensfähigkeit der Gruppe notwendig. Durch die Rekrutierung der Gruppe nach dem Kriterium der Bestleistung ist dieser Konsens sehr stark unterstützt. Es ist ja möglich, auf verschiedenen Wegen zum gleichen Ziel zu kommen. Daher ist der Konsens bezogen auf das Ziel sehr einfach zu erreichen. Die Wege sind allemal für alle interessant und damit auch ausreichend konsensfähig. Der dritte Bestandteil ist die Integrationsfähigkeit. Das verteilt vorhandene Wissen muss wechselseitig integrierbar sein. Diese Integrierbarkeit ermöglicht die Zusammenstellung des unterschiedlich vorhandenen Wissens in komplexere Handlungen. Auf den Verkaufsprozess übertragen erlaubt es, tiefere Einblicke in erfolgreiche Strategien und Aktivitäten zu gewinnen und allen zugänglich zu machen. Oft wurden verschiedene Vorgangsweisen kombiniert und damit eine „neue" Strategie geschaffen, deren Erfolg durchschlagend wurde.

Systems Thinking:
Beim Denken in Systemen, dem so genannten „systemischen Denken" geht es einerseits um den gleichzeitigen Blick auf die einzelnen Elemente und das gesamte System (Wald und Bäume sehen), andererseits um das Bewusstsein multikausaler Abhängigkeiten zwischen den Elementen. Dabei spielen die Rückkoppelungseffekte eine wichtige Rolle. Das lineare Denken, insbesondere durch die heute weit verbreiteten Tabellenkalkulationen noch gefördert, kann kein reales Abbild geben. Nur durch die Fähigkeit zum Systemdenken können Veränderungsprozesse in Organisationseinheiten gestaltet werden. Dieses Systemdenken ist eine Eigenschaft, die von Senge als fünfte Disziplin bezeichnet wurde.

Die Entwicklung einer Lernenden Organisation gilt hier als Schlüssel zur Wertschöpfung bei Kunden. Ob nun die entstehenden Leistungen als innovativ oder individualisiert betrachtet werden, ist meines Erachtens belanglos. Sicher stellt sich eines dar, die wahrgenommene Wertschöpfung beim Kunden bedarf heutzutage außerordentlicher Leistungen seitens der anbietenden Organisation – Lernfähigkeit ist dabei ein Schlüsselwort.

Die oben genannten Grundprinzipien (Duncan/Weiss 1979)
- Kommunikationsfähigkeit,
- Konsensfähigkeit und
- Integrationsfähigkeit

können auch durch technologische Hilfsmittel noch wesentlich effizienter gefördert werden.

Hinsichtlich der Kommunikationsfähigkeit habe ich die beste Erfahrung mit elektronischen Meetingtools (GroupSystems® etc.) gemacht.

Bereits in den achtziger Jahren wurden an der University of Arizona in Tucson Forschungen betrieben, die versuchten, mittels Computer den Kommunikationsprozess und die Gruppendynamik bei Besprechungen und Tagungen zu verbessern. Die daraus resultierenden Softwareprogramme spiegelten die Gruppenprozesse gut wider und griffen die Grundregeln bei derartigen Prozessen auf. Das Grundschema von acht verschiedenen Programmen, beginnend mit Brainstorming bis zu Konsensusbildung, ist bis heute beibehalten.

Auch heute bin ich immer noch begeistert von den Möglichkeiten, die diese Meetingtools bieten; erweisen sie sich doch bei vielen Gruppenarbeiten, von Projektunterstützung bis zur strategischen Planung, als äußerst effizient.

Die Vorteile dieser Tools liegen in drei Faktoren:
- Simultane Eingabemöglichkeit
- Anonyme Eingabemöglichkeit
- Unmittelbare Dokumentation

Wie auch in vielen Untersuchungen belegt, reduziert dieses Werkzeug die notwendige Zeit auf ein Zehntel verglichen mit herkömmlichen Mitteln der Gruppenmoderation mit Papier und Filzwand. Insbesondere die Anonymität bei den Interaktionen sorgt schon am Beginn der Workshops für ein angstfreies Klima. Dadurch gelingt es, die individuellen Modelle sehr effizient zu strukturieren. Der Zeitaufwand ist derartig reduziert, dass ein fünftägiges Meeting, das per se nicht praktikabel ist, auf ein eintägiges Seminar reduziert werden kann. Erstaunlicherweise haben sich diese Werkzeuge noch nicht nachhaltig etabliert. Insbesondere große Beraterfirmen sehen in dieser Zeiteffizienz natürlich gewisse Gefahren hinsichtlich ihres Umsatzes, der ja auf Tagessätzen beruht. Jedoch gibt es einige hervorragende Beispiele erfolgreicher Anwendungen dieser Instrumente. Die Erarbeitung der slowenischen Verfassung nach dem Fall des eisernen Vorhangs wurde mit diesem Meetingtool unterstützt. Dabei konnte in kürzester Zeit ein höchstmöglicher Anteil an Experten in strukturierter Form kommunizieren und dieses Grundwerk des neuen Staates zusammenfügen (1991).

Nachdem auf diese Weise die Kommunikationsfähigkeit sichergestellt ist, sollte die Konsensfähigkeit gestaltet werden. Die Durchführung des Projektes als Workshop bietet dazu die besten Voraussetzungen. Der Moderator spielt auch hier wieder eine entscheidende Rolle. Dem informellen Gedankenaustausch ist ein Raum zu geben. Die Gruppendynamik ist in positiver Richtung zu entwickeln. Auch hier gilt das schon weiter oben Gesagte. Ein angstfreies Klima, das noch gestärkt wird, indem durchaus elitäres Bewusstsein etabliert wird, bewirkt die notwendige Konsensfähigkeit unter den Teilnehmern.

Die Integrationsfähigkeit entsteht ebenfalls durch die Workshopstruktur. Dabei spielen natürlich auch die Simulationen eine große Rolle. Das Konstruieren eines gemeinsamen Modells wird als gemeinsames Schaffen wahrgenommen, in das verschiedene Elemente des Einzelwissens eingebracht und in ein intelligenteres Ganzes integriert werden.

6.4 Simulation und Systemdenken

Die Visualisierung von Geschäftsprozessen gilt als die Herausforderung bei der Verbesserung von Prozessen. Das gilt umso mehr für die, verglichen mit Produktionsprozessen, abstrakteren Verkaufsprozesse. Damit verbunden ist der im Systemdenken begründete Ansatz der Rückkoppelungseffekte.

Ein einfaches Beispiel kann dies verdeutlichen:

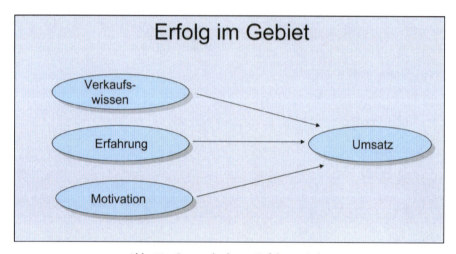

Abb. 17: Systemdenken – Erfolg im Gebiet

In dieser Abbildung stellt man sich vor, dass die drei Elemente Verkaufswissen, Erfahrung und Motivation den Umsatz beeinflussen (diese Elemente sind wahllos ausgewählt). Eine positive Größe im Verkaufswissen, gepaart mit viel Erfahrung, und eine hohe Motivation führen zu einem höheren Umsatz. Also die drei Faktoren wirken auf den Output Umsatz. Kaum jemand wird dieses Modell bestreiten. In vielen Budgetplänen oder strategischen Mehrjahresplänen werden diese einfachen Modelle in Form von Tabellen zu Papier gebracht und bestimmen den Prozess. Leider macht man sich zu selten die Mühe, ältere Pläne hervorzuholen und die Zahlen der Modelle mit der Realität zu vergleichen. Dann gäbe es viele Überraschungen. Aber warum stimmt dieses Modell nicht?

Die Lösung liegt in den wechselseitigen Abhängigkeiten, die eine starke Tendenz haben, sich gegenseitig aufzuschaukeln oder herunterzuschaukeln.

In der nächsten Abbildung sehen sie die tatsächlichen „Abhängigkeiten" oder Rückkoppelungseffekte und damit sind wir schon inmitten des systemischen Denkens.

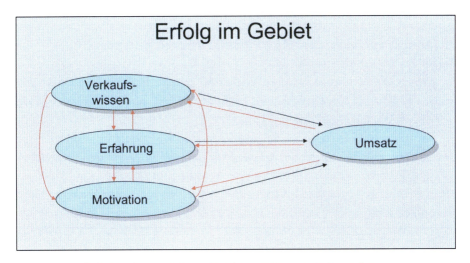

Abb. 18: Systemdenken – Erfolg im Gebiet mit Abhängigkeiten

Ein exzellentes Verkaufswissen, gepaart mit profunder Erfahrung, befruchtet sich gegenseitig und die beiden Faktoren wirken synergetisch und vermögen daher auch ein noch besseres Ergebnis zu bewirken. Eine hohe Motivation wirkt sowohl auf das Verkaufswissen als auch auf die Erfahrung und beeinflusst wiederum den Umsatz.

Genauso wird ein guter Umsatz die Motivation steigern, zur Erfahrung beitragen und die Erkenntnisse das Verkaufswissen bereichern. Aus einem einfachen Modell ist hier ein ziemlich komplexes Zusammenspiel der vier Faktoren geworden. Hier handelt es sich um zwölf Beziehungen oder Einflüsse. Die Anzahl der Beziehungen lässt sich auch mit der Funktion: „n (n-1)" darstellen.

Aus der einschlägigen Forschung ist bekannt, dass der normale Mensch im „Kopf" sechs Beziehungen oder Einflüsse hinsichtlich der Wirkung nachvollziehen kann. Diese zwölf Interdependenzen sind dem Normaldenker ohne technische

Hilfsmittel verschlossen. Doch wie einfach war unser ursprüngliches Modell. Welches Modell bildet die Realität besser ab?

Daraus kann man auch schließen, dass unsere Planungstabellen der Realität so wenig standhalten. Damit meine ich nicht, alle Planungsarbeit auf den Müll zu kippen – nein – ich halte es jedoch für angebracht, entsprechende Vorsicht walten zu lassen, diese Modelle als Realität zu betrachten. Als Momentaufnahme und zur Konsensbildung haben sie durchaus ihre Daseinsberechtigung.

Das bedeutet auch, dass unsere klassischen mentalen Modelle zumeist von folgenden Annahmen ausgehen:

Die kausalen Faktoren wirken voneinander unabhängig, die Kausalität wirkt in einer Richtung, die Beeinflussung wirkt unmittelbar und die Veränderungen, hervorgerufen durch den Einflussfaktor, sind ebenfalls linear.

Mit diesen mentalen Modellen ist es unmöglich, Prozessverbesserungen in Angriff zu nehmen. Mittels Systemdenken, dessen Prinzipien darauf basieren, dass die Faktoren Interdependenzen (wie in Abbildung oben dargestellt) haben, dass Kausalitäten in beiden Richtungen bestehen (es gibt keine Faktoren), dass Beeinflussungen nicht momentan, sondern über einen Zeitraum geschehen und dass die Beeinflussungen nicht linear sind, sind wir in der Lage, Prozessverbesserungen durch Simulationen zu entwickeln.

Mittels der Software, die es erlaubt, diese Modelle zu konstruieren, können wir uns auch einer Art „Esperanto" bedienen, das unter zu Hilfenahme verständlicher Symbole – wie Flüssen (dargestellt in Form von Leitungen), Ventilen (Ventile oder Regler bestimmen die durchlaufenden Mengen in einem bestimmten Zeitraum) und Behältern (als Lagerfunktion) – die Kommunikation untereinander herstellt.

Sehr häufig passiert es bei der Konstruktion der Modelle, dass die Kollegen in die Diskussion einsteigen, mit einem Kommentar: „Das funktioniert bei mir anders…" Dies zeigt ganz deutlich, der andere versteht das Modell, kann aber den Mechanismus nicht teilen, sondern hat eine andere Meinung (sic anderes mentales Modell). Die Diskussion darüber ist wertvoll, da das gegenseitige Verstehen es ermöglicht, neue Modelle zu überlegen.

Verständlich wird nun auch die Forderung, Simulationsmodelle zu konstruieren, um verschiedene Auswirkungen von Strategien zu untersuchen. Die Komplexität des Verkaufsprozesses erlaubt es nicht, mit Diskussionen und nonverbalen Kommunikationsformen ein gemeinsames Verständnis für ein Modell des Verkaufsprozesses zu entwickeln. Die Berücksichtigung von Rückkoppelungseffekten und insbesondere des Faktors Zeit verändert auch komplett Kapazitätsplanungen, die das tägliche Brot des Außendienstes im Rahmen der Tourenplanung einnehmen. Wenn es auch nur abstrahierte Modelle sind, so ermöglichen diese Simulationsmodelle es, einfache Auswirkungen von Strategien zu überprüfen.

Eine wichtige Rolle beim Entwerfen von Modellen spielt auch die Visualisierung. Im späteren Verlauf werde ich verschiedene Verkaufsprozessmodelle darstellen und diskutieren. Für die Veranschaulichung der Möglichkeiten, die eine Visualisierung bietet, ist folgendes Beispiel hilfreich:

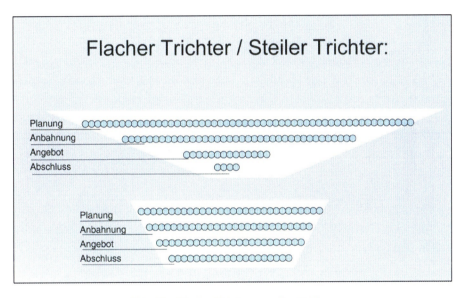

Abb. 19: Flacher Trichter – steiler Trichter

Diese Abbildung zeigt zwei ziemlich unterschiedliche Vertriebs „Trichter".

Jede Kugel in der Darstellung repräsentiert einen Account oder möglichen Kunden.

Bei gleicher Anzahl von Kunden in beiden Trichtern – in einer funktionalen Darstellung oder einfach als Liste – kann man noch nicht allzu viel daraus entnehmen.

Bei der prozessorientierten Betrachtungsweise sind unter anderem zwei Beobachtungen von Bedeutung:

* Starkes Schrumpfen der Anzahl der Kunden beim Übergang in die nächste Stufe
* Vier Kunden vor dem Abschluss – versus 20 Kunden vor dem Abschluss!

Welchem Verkäufer Sie den Vorzug geben würden?

Aber hier sehen wir noch einen interessanten Aspekt. Der obere Trichter zeigt eindeutige Stärken im Planungs- und Anbahnungsbereich, der untere Trichter weist auf Angebots- und Abschlussstärken hin. Wenn einmal diese Bilder „gelernt" wurden, ist die Kommunikation darüber sehr einfach. Hier zeigt sich noch einmal die Parallele zur Adler- und Büffel-Metapher.

Lange Jahre habe ich den „Klassiker" unter den systemischen Simulationsprogrammen verwendet – „IThink®". Dies ist das Windows-basierte Gegenstück zu dem am MIT (P. Senge et al.) eingesetzten Programm „Stella". In letzter Zeit haben sich mehr und mehr Fachleute auf PowerSim® und VenSim® verlegt. Hinsichtlich der Preise und des Supports sind in Europa diese beiden Programme einfach besser vertreten.

Doch die Art des Programms ist nicht das Entscheidende in der Gestaltung von Simulationsmodellen. Der wichtigste Punkt besteht darin, die oft nicht verbalisierbaren mentalen Modelle mit der Gruppe herauszuarbeiten, zu strukturieren und zu visualisieren.

Dieser gemeinsame Prozess leitet bereits das Gruppenlernen ein. Die Visualisierung ermöglicht allen Teilnehmern, das Modell zu verstehen und zu begreifen.

Und hier beginnt der spannende Teil der Projektarbeit. Die Modelle werden mit Zahlen (zumeist Annahmen) versehen. Geschickte Modellierer sind notwendig, um die Programme so zu gestalten, dass diese Modelle auch hinsichtlich Input und Output möglichst nahe an die Wirklichkeit herankommen. Ein häufiges Problem bei der Simulation besteht in einem oszillierenden oder instabilen Verhalten. Die Spezialisten verfügen über Mittel, dieses Oszillieren zu eliminieren. Erklärbar ist dieses Oszillieren mit einer Tendenz in der Realität zu selbststabilisierenden Systemen; einer Grundtendenz in der Natur, Ungleichgewichte wieder auszugleichen. Diese Eigenschaft haben natürlich die Computerprogramme nicht. Es muss daher das Modell genau auf diese selbstverstärkenden Faktoren untersucht werden und diese dann entsprechend reduziert werden. Dann darf gespielt werden. Die Lieblingsfrage der Systemdenker (das what-iffing wie die Amerikaner es nennen) ist das was-wäre-wenn. Plötzlich bekommt etwas, das uns vorher wie eine Black Box erschienen ist, Struktur und reagiert in einer Weise, die der eine oder andere schon einmal erlebt hat.

Darin liegt der Wert dieser Vorgangsweise. Meine Beobachtungen in vielen Projektsitzungen waren immer die gleichen. Die Lernende Organisation wird hier spürbar und fühlbar. Alle können sich mit dem jeweiligen Modell identifizieren. Das Drehen an den Inputgrößen und Beobachten der Wirkungen wird zu einem gemeinsamen Lernprozess. Die so häufig auftretenden Missverständnisse in anderen Lern- oder Arbeitssituationen sind wie weggewischt. Der inhärente Veränderungsprozess wird damit fast unbewusst und ohne persönliche Animositäten durchlebt. Ganz im Gegenteil – die Teilnehmer sind voll bei der Sache, alle Größen zu hinterfragen und aufzuklären.

Zusätzlich verlangt die Eingabe der verschiedenen Variablen eine systematische Vorgangsweise in der Erstellung der Metriken des Modells. Die Größen, die eingesetzt werden, können aus reellen Maßgrößen stammen (wie z.B. die Anzahl der Arbeitstage oder Besuchstage im Feld) oder werden zunächst als Annahme eingegeben, um später in der realen Welt erhoben zu werden (Wie viele Hochfrequenzbesuche brauche ich, um einen Kunden von Stufe 3 auf Stufe 2 zu bringen?), oder wenn die reelle Erfassung zu problematisch ist, können sich die Teilnehmer auch auf eine Annahme einigen (z.B. drop-out Rate bei unterster Stufe). Das Modell verlangt auch förmlich nach strukturierter Vorgangsweise und definierten Denkprozessen. Damit führt uns das Modell auch – wie automatisch – zu den Messgrößen. Damit das Modell praktikabel wird, müssen wir Annahmen treffen, die dann in der Praxis gut überprüft werden können und müssen. Damit kommen wir zu einem Ausgangsmodell, das unsere Annahmen widerspiegelt.

Im praktischen Betrieb – wenn die Feldarbeit abläuft – müssen diese Annahmen überprüft und gegebenenfalls korrigiert werden. Und das nicht nur einmal, sondern meistens auch mehrfach.

Die einleitenden Erklärungen zum Systemdenken und die Veranschaulichung an verschiedenen Beispielen sind ein notwendiger Bestandteil dieses Prozesses. Natürlich gehört dazu auch das Zulassen von ausreichenden Zeitspannen, damit die Erkenntnisse auch entsprechend verarbeitet werden können. Das Synchronisieren dieses Prozesses mit der Modellkonstruktion und den anschließenden Simulationen hilft einer erfolgreichen Projektarbeit. Die Tiefe der Arbeit bei der Simulation der Modelle kann in Abhängigkeit vom Interesse und der Begeisterung der Teilnehmer gestellt werden, wiewohl diese Begeisterung zumeist von der Qualität des jeweiligen Referenten abhängt. Sinnvoll ist es allemal, auch besonders engagierten Teilnehmern so genannte Business Flight Simulatoren (leicht benutzbare Benutzeroberflächen zur individuellen Einstellung verschiedener Szenarien) zur Verfügung zu stellen. Anhand dieser Werkzeuge können dann verschiedene typische Szenarien durchgespielt und die optimale Strategie damit schneller gefunden werden. Im Kapitel der praktischen Durchführung werde ich einige Beispiele dazu aufzeigen.

6.5 Organisation von Prozessen und Unterstützenden Instrumenten

We need to measure, not count. (P.F. Drucker 1995)

Was mich immer wieder in Staunen versetzt hat, ist die Konsequenz der Simulationen hinsichtlich der notwendigen Maßnahmen. Hier muss sich jeder, der diese Prozesse einleitet, darüber im Klaren sein, dass die Erarbeitung des Verkaufsprozesses mit Marschrichtung Optimierung durchgreifende Konsequenzen auf die gesamte Marketing- und Vertriebsorganisation hat. Die muss sie aber auch haben, um tatsächlich zum Erfolg zu führen. Aus anderen Geschäftsbereichen kennen wir auch bereits einige Strategien, die sich dort ebenfalls aus einem Zwang heraus entwickelt haben, den Prozess effizienter und effektiver zu gestalten. Die durchgreifendste Konsequenz besteht darin, ein Ineinandergreifen von Marketing und Vertrieb auf Basis von vernetztem Marketing zu organisieren. Dazu sind viele Maßnahmen notwendig, die möglicherweise bereits in Entwicklung sind oder erst entwickelt werden müssen. Diese werden im Kapitel 7 noch näher erläutert.

Der elementarste Punkt betrifft die Metriken. Und hier ist es notwendig, den Schritt weg vom puren Reporting zur Analyse und konsequenter Umsetzung der Erkenntnisse und noch weiter zu prädiktiven Analysen zu gehen.

Die Bedeutung der Metriken ist vergleichbar mit einem Navigationsgerät in der Seefahrt und den damit verbundenen Prozessen. Die Messgröße der zurückgelegten Seemeilen vermag uns wenig Anhaltspunkte zu geben, wie lange man noch fahren muss. Schon gar nicht genügt diese Größe bei der Überlegung der Richtung, die man einschlagen muss, um das Ziel zu erreichen. Der entscheidende Unterschied ist der Blick nach vorne, wo befindet sich mein Ziel und wo befinde ich mich jetzt.

Ein Grundsatz dabei lautet: Man kann nicht managen, was man nicht messen kann, und man kann nicht messen, was man nicht beschreiben kann. (Kaplan, Norton in: Strategy Maps, 2004).

Aber die Bedeutung geht noch um einiges tiefer. Die Prinzipien finden sich in den Arbeiten von Kaplan und Norton zum Thema Balanced Scorecard.

Gerne bezeichnen Kaplan und Norton diese auch als die „nicht-monetären Schlüsselzahlen", im Gegensatz zu den rein finanztechnischen Zahlen.

Die Autoren sehen vier Dimensionen, die mit Schlüsselzahlen zu messen sind:

- Finanzperspektive,
- Kundenperspektive,
- interne Prozessperspektive und
- Lern- und Entwicklungsperspektive.

Für die Verkaufsprozessanalyse sind die beiden mittleren Messgrößen zu berücksichtigen. Die Lern- und Entwicklungsperspektive wird im Ablauf berücksichtigt, aber bei der Realisierung beiseite gelassen. Sie könnte noch weiter erhoben werden, doch für den Rahmen dieses Prozesses ist sie nicht von vordergründiger Bedeutung.

Drei Prinzipien müssen diese Metriken erfüllen:
- Die Metriken müssen relevant sein.
- Die Metriken müssen sichtbar sein.
- Die Metriken müssen Verbesserungen bewirken.

Die Metriken müssen relevant sein, denn die heutige Situation in Pharmaunternehmen ist gekennzeichnet durch eine Vielzahl an Analysen. Bei diesen Mengen an Datenmaterial kann man schon leicht die Übersicht verlieren. Die Verkaufsprozessanalyse ist ein guter Anlass, diesen Datenfriedhof gezielt zu durchforsten und die relevanten Daten herauszusuchen. Besonders wirksam sind die Metriken, wenn sie in finanztechnische Größen umgesetzt werden können. Response Raten können in Wertzuwächsen ausgedrückt werden. Vorausgesetzt die Responder werden entsprechend weitergeführt und zu Kunden gemacht. Cross-Selling Effekte können in Umsatzsteigerungen dargestellt werden und so weiter. In der Verkaufsprozessanalyse werden Kunden definiert und Prozessstufen zugeordnet. Diese Prozessstufen in der Pyramide sind als Bandbreiten eines monatlichen oder rollierenden monatlichen Umsatzes definiert. So hat in einem praktischen Beispiel der Arzt, der an oberster Stufe steht – in einem Beispiel der Star –, einen monatlichen Mindestumsatz von 1.500 Euro für ein bestimmtes Produkt. In dem Augenblick, in dem ich einen bestimmten Arzt dieser Stufe zuordne, muss er diesem Kriterium entsprechen. In der Gesamtheit habe ich auch damit die Relevanz zu den aktuellen Umsatzziffern.

Abb. 20: Gebietspyramide mit Kriterien

Hier ein Beispiel einer Gebietsdarstellung. Bei der Abbildung sieht man auf der linken Seite die monatlichen Umsätze als Schwellenwerte dargestellt. Entsprechend dazu rechts die Anzahl der Ärzte, die sich in dieser Stufe befinden. Diese Ärzte sind namentlich definiert und anhand der entsprechenden Statistiken evaluiert. Die Umsatzsumme muss mit den Gebietsumsätzen in Übereinstimmung sein. Abweichungen sind zwar möglich, bewegen sich aber in der Größenordnung von (+/-) 10 %.

Die Metriken müssen aber auch sichtbar sein. Die Sichtbarkeit der Metrik bezieht sich auf die Durchgängigkeit der Darstellung. Im oben angeführten Beispiel bildet die Pyramide die Messgrößensammlung nicht nur für den Außendienst, sondern auch für Marketing und Back-Office Funktionen. In einem Praxisfall hat die Geschäftsleitung die nationale Entwicklung der Stars als wichtige Kennzahl in die Businessplanung übernommen. Der Austausch dieser spezifischen Metrik zwischen den Abteilungen ist ein wichtiges Resultat eines richtig angewandten Prozesses.

Die Metriken müssen Verbesserungen bewirken: In der Vergangenheit wurden die Metriken eingesetzt, um Investitionen oder Kosten durch Vergrößerung des Außendienstes zu rechtfertigen. Dies ist auch richtig. Bedeutungsvoller werden Metriken, wenn sie durch sich selbst die Verbesserungsmöglichkeiten aufzeigen. Die Darstellung von Gebietspyramiden ist ein sehr mächtiges Werkzeug, das auf einen Blick eine Situation darstellt und direkt auf die Verbesserungsmöglichkeiten hinweist. Dazu entpolitisieren sie noch die Diskussion, da Einigkeit über die Ziele besteht. Auch die persönlichen Befindlichkeiten werden weitgehend unberührt gelassen, es geht darum, die Dynamik in der Pyramide zu beeinflussen. Die Koppelung dieses Bildes mit der Ressourcenverteilung, insbesondere durch Marketingaktivitäten, bringt noch einmal einen besonderen Schub in die Taktik entsprechend den strategischen Vorgaben. Die Pyramide ermöglicht darüber hinaus noch die Überprüfung, ob Maßnahmen entsprechend den Metriken eingesetzt werden. Damit zeigt man der gesamten Organisation, dass die Metriken im Mittelpunkt der Überlegungen der Ressourcenverteilung stehen. Da gibt es ja genug Beispiele, bei denen Projekte eingeleitet wurden, die viel gekostet haben, bei denen kaum jemand gewusst hat, warum das gemacht wird, und die dann auch genauso schnell wieder verschwanden, unter Hinterlassung eines nicht unbeträchtlichen Loches in den Finanzen.

Diese Verknüpfung der Metriken mit Aktivitäten ist eine der kraftvollsten Eigenschaften, die durch die Methodik der Diamantformel sichergestellt wird.

Die Priorisierung von ausgewählten Informationen oder Daten hat einen Effekt der Wichtigkeit. Die Berücksichtigung der strategischen Zielsetzung in der Zusammenstellung der Schlüsselzahlen fokussiert die Organisation auf ganz bestimmte Ergebnisse.

Die Dominanz der Metriken bringt ein Sprichwort auf den Punkt: „Pass auf, was du dir wünschst, es könnte in Erfüllung gehen."

Ein kleines Beispiel zur Macht der Kennzahlen:

Bei allen Verkaufsprozessanalyseprojekten erhebt sich immer wieder die Diskussion bezüglich der Besuchsfrequenz. In den meisten Unternehmen spielt die Besuchsfrequenz oder der Besuchsschnitt heute die Rolle einer strategischen Schlüsselzahl. Schon die Berechnung dieser Zahl zeigt die große methodische Problematik auf. Man könne ja von 100 Ärzten 99 jeweils 1 mal besuchen und einen 100 mal. Es müsste daher schon die Besuchszahl etwas präziser formuliert werden. Die üblichen Kommentare der Geschäftsleitung zu diesen Fragen bestehen meistens darin zu betonen, dass natürlich nicht die Erfüllung der Besuchsfrequenzvorgaben im Mittelpunkt der Strategien steht. Dies ist im Grunde genommen auch richtig. Ich kenne keine Unternehmensstrategie, die in ihrer Zielformulierung einen Satz hat wie: „Wir wollen unsere jährliche Besuchsanzahl von 650.000 auf 750.000 steigern. Damit erreichen wir eine Umsatzsteigerung von 15 %." Klingt ja fast so wie wenn ein Transportunternehmen formulieren würde: „Wir steigern unsere Fahrleistung (gemessen in gefahrenen Kilometern des Fuhrparks) auf 8 Mio. Kilometer, damit erreichen wir eine Umsatzsteigerung um 20 %."

Doch was passiert in der Praxis? Die routinemäßigen Gespräche oder auch die Statistiken und Reports zeigen immer in einer prominenten Form den Besuchsschnitt. Einige Unternehmen haben diese Kennzahl auch in ihrem Incentive System berücksichtigt. Können verbale Statements die kulturell verankerten Schlüsselzahlen aufheben? Die vielen positiven Ergebnisse, die Kaplan und Norton aus ebengenau dieser Priorisierung der wichtigen Kennzahlen ziehen, sprechen eine andere Sprache. Hier ist zu fordern, dass in der Zielsetzung das Ursache/Wirkungs-Prinzip eingehalten wird. Auch die internationalen Headquarters befleißigen sich manchmal in der Zusammenstellung von länderübergreifenden Statistiken, die zu seltsamen Auswüchsen führen, wenn einzelne Länder eine „gute" Besuchsfrequenz aufweisen und womöglich noch gute Ergebnisse erzielen. Die Gretchenfrage an die Manager in den Führungsetagen müsste lauten: Was wollen Sie erreichen; was sind Ihre Ziele?

In der Prioritätensetzung ist eines ganz klar. Nur eine Wertsteigerung aus dem Blickwinkel des Kunden führt zu besseren und mehr Verordnungen. Kann die Besuchsfrequenz diese Wertsteigerung bewirken? Aus den vorangestellten Erfahrungsberichten ist hier Zweifel angebracht. Die Besuchsfrequenz per se kann nicht die Priorität sein. Denken Sie doch nur an regelmäßige wöchentliche Besuche bei einem Arzt, ohne nennenswerten Inhalt. Nach einigen Wochen wird dieser Arzt den besuchenden Referenten auf eine Terminliste setzen. Also das Ergebnis ist komplett negativ. Aber betrachten wir auch den Fall von regelmäßigen wöchentlichen Besuchen mit wechselnden, meist neuen Botschaften. Wird das immer wertsteigernd sein? Versetzen Sie sich in die Lage eines Arztes und setzen Sie diese Strategie über Jahre fort, konsequenterweise mit mehreren großen Pharmaunternehmen. Gibt das gegenüber dem Mitbewerb einen Mehrwert? Auch das ist zu bezweifeln. Zumindest wird ein klarer Unterschied zwischen positiv und negativ durch die Qualität gemacht.

Die Frage ist aber auch, was wird getan, damit diese Besuchsserie vom Kunden „gemocht" wird? Weitergedacht, wenn das gelingt, dann ist wiederum die Besuchsfrequenz kein Schlüsselkriterium. Aufgrund der prozessorientierten Vorgangsweise werden die Aktivitäten entsprechend geplant. Diese Aktivitäten sind relevant. Wenn der Wunsch groß ist, quantitative Messgrößen mitzunehmen, dann können aus den Aktionsplänen die entsprechend notwendigen, geplanten Zahlen generiert werden.

Die heute allgemein eingesetzten Meßwerkzeuge sind sehr oft auch mit Schlagworten belegt wie Business Intelligence oder Data Warehouse. Sinnvoll ist es, die Begriffe ebenfalls kundenzentrisch zu betrachten. Eine interessante Definition bietet sich im Rahmen der CRM (Customer Relationship Management) Ebene an. Als CRM Reporting können diejenigen Informationen betrachtet werden, die die Standardwerte erfassen und darstellen. Die Fragestellung nach: „Was ist passiert?", kann damit gut abgedeckt werden. Analytisches CRM käme dann unseren Ansprüchen etwas näher, da es die Fragestellungen: „Warum ist das passiert?" beantworten kann.

Die aus diesen Fragestellungen logische Konsequenz wäre die Frage: „Was soll passieren?" Diese Frage würde durch ein prädiktives CRM beantwortet werden. Doch diese Sicht ist für unsere Anforderungen noch in etwas weiter Ferne. Bleiben wir auf dem Boden und legen wir die Messgrößen zurecht, die wir für die ersten Schritte wirklich brauchen.

Die Verkaufsprozessanalyse muss mit begleitendem Messen und Hinterfragen einhergehen. Die Simulation hilft dabei, unterschiedliche Strategien zu probieren und deren Wirkung und Resultate zu verstehen. Die Anwendung der optimierten Verkaufsprozesse in der Praxis wird begleitend gemessen, um den Lernprozess sicherzustellen und das Gelernte umsetzbar zu machen. Gleichzeitig werden die Prozesse auch den praktischen Erfahrungen angepasst. In den von mir begleiteten Verkaufsprozessen hat sich die Grundregel bewährt, auch dieses Instrument so einfach wie möglich zu gestalten und in den Prozess zu integrieren. Damit kann jeder Mitarbeiter diese Metriken in seinen täglichen Strukturen integrieren und die Messgrößen und deren Veränderungen selbst mitbestimmen und nachvollziehen.

Bei den Metriken gilt es als wichtiges Prinzip einzuhalten: Weniger ist manchmal mehr. In den Projekten, die der Verkaufsprozessanalyse folgen, ergeben sich die zentralen Kennzahlen aus der Abfolge der Entwicklung dieses Prozesses und der Kundenzentriertheit. Das schlichte und einfache Maß ist der Kunde in der jeweiligen Phase. Je nachdem, wie die Gruppe die Nomenklatur gewählt hat, handelt es sich in der Pyramide zum Beispiel um Topkunden, Stammkunden und gelegentliche Verordner, um bei einer der gewählten Nomenklaturen zu bleiben. Die Verordnungen oder Umsätze eines Topkunden werden innerhalb von Schwellenwerten pro Zeitperiode genau definiert. Mittels der verschiedenen Datenquellen werden diese Zahlen monatlich verifiziert. Damit ist der Topkunde eindeutig und klar festgemacht. Die Summe eines Gebietes – beispielsweise als Gebietsumsatz – ergibt sich aus der Summe der Einzelumsätze der jeweils klassifizierten Ärzte (natürlich innerhalb einer gewissen Bandbreite). Diese Referenz muss auch immer wieder überprüft werden. In den verschiedenen Projekten hat es keinen großen Unterschied gemacht, ob die Umsatzberechnungen wertmäßig oder mengenmäßig vorgenommen wurden. Der mengenmäßige Ansatz, in Packungen, als Packungsäquivalent, hatte den Vorteil, in Verordnungen umrechnen zu können. Das Erlernen der Metriken konnte man sich dabei auch nicht ersparen, sodass beide Modelle nicht entscheidend divergieren. Sollte innerhalb des Unternehmens bereits in dogmatischer Form die eine oder andere Blickweise existieren, ist dieser natürlich der Vorzug zu geben. In der Darstellung kann man sich in der Anfangsphase auch auf die obersten drei oder vier Stufen (dort wo ja erhebliche Umsatzerlöse sind) beschränken. Die Organisation der darunter liegenden Phasen kann man mit dem Kampagnenmanagement Design miterfassen.

Diese Bezeichnung und Darstellung als nicht-monetäre Schlüsselzahlen birgt eine starke Symbolik bei gleichzeitig leichter Verständlichkeit innerhalb der geschaffenen Verkaufsprozesskultur. Das Verständnis der Teilnehmer hinsichtlich der Zielgröße ist damit leicht herbeizuführen. Wie es zu dieser Kennzahl kommt, stößt am Anfang noch auf erhebliche Schwierigkeiten. Als prozessunterstützende und elegante, aber ebenso simple Lösung kann ein dedizierter Webserver helfen, der die Pyramide visuell zeigt und die Details in Form von Links in das CRM System aufnimmt.

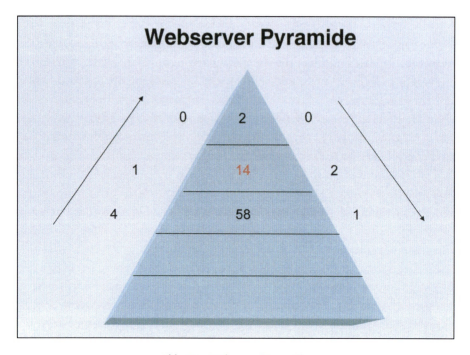

Abb. 21: Webserver Pyramide

In dieser Abbildung befinden sich links die Aufstiege (in der Stufe enthalten) zur Vorperiode, auf der rechten die Abstiege. Wir haben die „Bestands"- Zahl rot markiert, wenn das Quellenmaterial bei einem oder mehreren Kunden darauf hinwies, dass die Angaben von der Logik her nicht stimmen können (Es gibt immer wieder Ausnahmefälle in den Regionalstatistiken, bei denen eine Klassifikation erfolgte, die auf anderen Quellen, z.B. persönlichen Auskünften, beruht). Beim Klicken auf die Zahlen wird das auf einem anderen Server befindliche CRM System geöffnet, das dann die detaillierten Informationen zu den entsprechenden Kunden öffnet.

Durchaus bedeutungsvolle Aussagen können aus dieser einfachen Grafik geschlossen werden.

Wir sehen, dass – sagen wir mal im Stammkundenbereich innerhalb der betrachteten Periode – zwei abgestiegen oder ausgestiegen sind. Es sind zwar in der

Stufe „gelegentliche Verordner" vier Neuzugänge zu verzeichnen, doch ist fraglich, ob diese den Schwund aus dem wichtigerem Bereich kompensieren können. Grundlegend kann hier ein gewisser Abwärtstrend interpretiert werden – also Handlungsbedarf. Sie sehen damit eine wirklich simple und einfache Darstellung, die das Wesentliche im Geschäft – die zukünftige Entwicklung – geradewegs auf den Punkt bringt.

Dieses Beispiel zeigt auch noch den Vorteil einer einfachen Lösung, die entsprechend den praktischen Erkenntnissen (z.B. andere Schwellenwerte) leicht anzupassen ist. Trotzdem hatte man alle Detailinformationen in reeller Zeit (z.B. Besuchsdaten) zur Verfügung. Auch kostenmäßig hat sich diese Variante, zu Beginn als Übergangslösung konzipiert, als erstaunlich günstig erwiesen. Viele analytische CRM Systeme bringen zudem eine Fülle von Darstellungsmöglichkeiten schon als Standard. Auch damit lässt sich diese Darstellung gut konzipieren.

Fassen wir die Messgrößen noch einmal zusammen: (als Beispiel seien hier die vier Stufen als generischer Begriff mit Produkttester, Kunde, Stammkunde und Topkunde definiert):

a) Anzahl der Ärzte pro Stufe im Monat
b) Anzahl der Aufsteiger pro Stufe im Monat
c) Zeitdauer der Aufstiege pro Stufe im Monat (Zyklusdauer)
d) Anzahl der Ab- oder Aussteiger pro Stufe im Monat

Diese Daten gelten pro Mitarbeiter, pro Region und pro Geschäfts- oder Therapiegruppeneinheit.

Zu den Daten unter Punkt b) ist noch ein prozentueller Anteil interessant, der mit dem nationalen Durchschnittswert eine Benchmarking Hilfe bringt. Damit kann sich der Mitarbeiter mit dem nationalen Durchschnitt vergleichen.

Das Gleiche gilt für den Punkt c). Auch diese Information erlaubt dem Mitarbeiter, sich mit dem nationalen Durchschnitt zu vergleichen. Insbesondere die Zykluszeit ermöglicht, eine bessere Entscheidung zu treffen. Wir sprechen hier ja von hochfrequenten Besuchen. Es ist dabei oft besser, sich einen neuen Kandidaten zu suchen, als bei einem Kunden, der auch nach dem sechsten Besuch noch Produkttester ist, noch weitere Anstrengungen zu unternehmen.

6.6 DAS ADLERPRINZIP UND DIE TECHNOLOGISCHEN MÖGLICHKEITEN

Betrachten wir die in Kapitel 3.2. vorgestellte Metapher Adler und Büffel genauer. Was wäre, wenn es uns gelingen würde, das Adlerprinzip so umzusetzen, dass gewissermaßen ein Schwarm Adler für unsere Produkte tätig wäre?

Der ideale Prozess könnte folgendermaßen aussehen:

Ähnlich wie beim Adler ist ein Beobachtungssystem anzustreben, das die Bewegungen der Kunden ortet, die Bewegungen registriert, misst und richtig darstellt. Bei dieser Darstellung ist auch die Zukunftsperspektive zu berücksichtigen. Damit haben wir die Metriken festgelegt. Die Bewegungen, die uns besonders am Herzen liegen, sind die Bewegungen im Prozess als Entwicklung von einem identifzierten und qualifizierten Interessenten zu einem Topkunden mit einer Qualität eines Produktadvokaten. Besonders förderlich zu dieser Darstellung ist ein CRM System neuerer Bauart.

Es gilt nun, den Verkaufsprozess in Bewegung zu setzen. Die Identifizierung und Qualifikation geschieht mit verschiedensten Marketingkampagnen, die über das CRM System überwacht werden. An vielen Touchpoints (Berührungspunkten) mit den Kunden entstehen Informationen verschiedenster Art, die über dieses CRM System dargestellt werden. Schon in dieser Phase sind die Kontakte wertschöpfend zu gestalten und wenn möglich sollte der zukünftige Kunde auch für die Informationen belohnt werden. Sobald die Informationen darauf hindeuten, dass hinsichtlich eines Lifetime Values die Aussicht besteht, einen oder mehrere Besuche durch den Außendienst profitabel zu gestalten, wird dieser als Zielkunde – im Sinne von zu besuchender potentieller Kunde – eingestuft. Darauf folgt eine Besuchsfolge, aufgehängt an einer individualisierten Story (im Sinne von Storyboard), um ihn als Kunden zu gewinnen (gemäß dem Vergleich mit dem Adler, der gezielt auf seine Beute losgeht). Erfolg wird daran gemessen, ob die Zielperson zum Kunden gemacht werden kann. Dabei ist eine limitierte Anzahl von Besuchen vorzusehen. Bei Misserfolg ist diese Serie abzubrechen (sinngemäß wie beim Adler, der würde ja dann verhungern, wenn er sich immer erfolglos auf dieselbe Beute stürzt). Ist aus dem Zielkunden ein wirklicher Kunde geworden, erfolgt die Ausweitungsstrategie mittels weiterer Besuche in Kombination mit Marketingmaßnahmen. Bei Misserfolg verbleibt er in dieser Stufe – die Besuchsanzahl wird reduziert bzw. die Kontaktpflege auf günstigere Medien verlagert. Im Erfolgsfalle erfolgt die Ausweitungsstrategie, die den Kunden dann wieder eine oder mehrere Stufen nach „oben" führt. Die Informationen im CRM System werden dabei zu Clustern verdichtet, die auch Verhaltensmerkmale inkludieren. Alles, was wir an diesem einen Fall lernen können, wird auch in einem Wissensthesaurus gesammelt. Bei ausreichender Menge an derartigen Informationen können wir an die Vorhersagen von Verhalten gehen und Modelle erstellen, die es erlauben, schon in der Anfangsphase (Prospect) Wahrscheinlichkeiten mit einzubeziehen und so weiter Effizienzen zu steigern. Die Technologien dazu sind heute vorhanden. Die vielen Adler schlummern sozusagen in den Etagen der Unternehmen.

Die fachkundige Kombination von persönlichen Verhaltensänderungen, der Modellierung eines funktionierenden Prozesses und State-of-the-Art Technologie muss noch gestaltet werden.

6.7 OPERATIONELLE INNOVATION MIT DER DIAMANTFORMEL

Die Fertigkeit einer Organisation, andauernde interne Innovationen zu verfolgen, ist einer der großen Träume der Managementvordenker. Dies ist die Eigenschaft, die schon seit Jahrzehnten mit immer wieder veränderten und manchmal auch mit „alten Hüten" von Strategien empfohlen und vorgedacht wird. Hier ist auch einer der feinen Unterschiede von klassischen Reengineering Prozessen zu sehen. Wenn auch in Anlehnung an Prozessanalysen oft in erster Linie Produktivitätsüberlegungen angestellt werden, so ist es doch weitaus interessanter und wichtiger, die mit der Verkaufsprozessanalyse einhergehenden kreativen Diskussionen zu vertiefen und zu innovativen Prozessen anzureichern. Es ist nicht das Ziel, radikalen Personalabbau durch die veränderte Prozessgestaltung durchzusetzen, sondern einen tatsächlichen Produktivitätsschub durch innovative Prozesse zu erreichen.

Die Vorgangsweise, den Verkaufsprozess zu analysieren, war erstaunlich und hat sich als durchwegs erfolgreich erwiesen. Die Kombination der Schlüsselelemente, dargestellt in der Diamantformel, stellt sicher, dass ein kundenzentrisches Prozessmodell in Marketing und Vertrieb erstellt wird und dieses von allen Beteiligten verstanden wird. Über das Verstehen hinaus werden zudem abteilungsübergreifende Aktivitäten überprüft und „veraltete" Vorgänge und Aktivitäten, deren Sinnhaftigkeit in Frage zu stellen ist, über Bord geworfen.

In den meisten prozessorientierten Vorgangsweisen wird ein zu kleiner Teilbereich in Angriff genommen, die Grenzen sind dann bald erreicht und die Verbesserungen sind minimal. Betrachten Sie das Beispiel eines internen Call- und Kontaktcenters. Es ist verhältnismäßig einfach, eine Produktivitätsberechnung aufzumachen. Insbesondere bei In-Bound Anrufen von Ärzten oder Apothekern handelt es sich in einem Großteil der Fälle um Kundengespräche, deren Verlauf eine hohe Chance bietet, wertsteigernd zu wirken. Bei guter Frequenz (sprich: interessanten Anreizen für Kunden, diesen Kanal zu benützen) ist ein Call-Center Agent in der Lage, an einem Halbtag (3 – 4 Stunden aktive Telefonzeit sehe ich als Maximum für hochqualitative Gespräche) 20 – 30 wertsteigernde Gespräche zu tätigen. Zumeist sind die Ausgangswerte vor prozessverbessernden Maßnahmen weitaus geringer. Eine 50 %ige Steigerung der Anzahl liegt durchaus im normalen Bereich. Doch was hilft es einem Unternehmen, wenn diese

Gespräche sozusagen als Insellösung im Marketing isoliert schwebend betrachtet werden. Wenn beispielsweise die Reaktion des Arztes sehr positiv ist und für ihn dieser Kommunikationskanal mit großer Zufriedenheit gerne wieder benutzt wird, passiert es heute durch das leidige Konkurrenzdenken, dass eine Erwähnung beim nächsten Besuch gegenüber dem Pharmareferenten eine missmutige Reaktion hervorruft. Ein negatives Signal, das gut geeignet ist, die Werterhöhung wieder herunterzuholen. Die systematische Einbindung dieses Kanals im Sinne eines integrativen Marketings schafft erst den Wert auf Kundenseite. Das gemeinsame Überlegen, wie die verschiedenen Kommunikationsmöglichkeiten für verschiedene Prozessstufen am besten genutzt werden können, schafft erst die guten Ideen und Verbesserungen im Prozessablauf. Es ist auch nicht damit getan, nebenbei diese Prozesse zu analysieren und dann auf Fortschritte zu hoffen. Ein volles Engagement mit voller Unterstützung der Geschäftsleitung ist für diese operationalen Innovationen unabdingbar. In Marketing und Vertrieb sind die Prozesse auch so komplex, dass ein Zeitrahmen von 18 Monaten als Minimum anzusetzen ist.

Diese Art der Innovation entsteht an der Schnittstelle Verkäufer – Kunde. Die entscheidende Komponente besteht daher in der Einbindung des Außendienstes. Er sollte sich als mitverantwortlich für die Prozessanalyse und Verbesserungen fühlen. Ein Anordnen der verschiedenen Verbesserungen von oben wäre sicherlich nicht zielführend. Die Projektarbeit betrifft seine täglichen Entscheidungen und Aktivitäten unmittelbar und wird mit Sicherheit diese tägliche Routine radikal ändern.

Perfektionismus ist ebenfalls hinderlich bei der Neugestaltung oder Veränderung von Prozessen. Auch wenn die „ausgedachte" Lösung genial klingt, wird sie in der praktischen Realisierung erst tatsächlich überprüfbar und kann oft nicht in der angedachten Form umgesetzt werden. Gefragt sind verständliche und rasch umsetzbare Lösungen. In einem Geschäftsfall, der von Michael Hammer (Harvard Management Update, April 2005) dargestellt wurde, bezieht sich der Autor auf die Regel: „70 % und los geht's". Ein Lösungsvorschlag muss nicht alle gewünschten Eigenschaften aufweisen. Es ist besser, einfach mit einer 70 %igen Lösung zu beginnen und sie im Laufe der Zeit in der Praxis zu verbessern. Damit ist man in der Lage, Konzepte zu testen, Momentum und Glaubwürdigkeit aufzubauen und damit erste kleine Erfolge zu erzielen, die Kritiker und Zweifler beruhigen.

Auch wenn Unternehmen heute noch abteilungsweise organisiert sind: Wenn eine Abteilung signifikante Änderungen umsetzt, berühren sie in unterschiedlichem Ausmaß die anderen Abteilungen – diese müssen sich adaptieren. Wenn die Vision und Strategie dazu nicht für alle transparent ist, dann entstehen hier zwangsläufig Reibungspunkte, die die positiven Effekte in einer Abteilung wiederum ins Negative pendeln lassen und somit insgesamt nachhaltige Resultate paralysieren. Es sind daher diese oben aufgezeigten Schritte, die im Sinne einer integrierten Vorgangsweise für die Verbesserungen in der Produktivität sorgen.

7

DIE KONSEQUENZEN FÜR DIE MARKETINGSTRATEGIE

7.1 Von den vier Ps zu den sechs Is

Über Jahrzehnte waren die vier Ps im Marketing (Product, Place, Price, Promotion) die Grundprinzipien. Von P. Kotler in unendlichen Auflagen immer wieder dargestellt, hielten sie sich wie Naturgesetze. Trotzdem haben sie nicht in allen Unternehmen im Pharmamarketing Eingang gefunden. Sollten Sie auch dazu gehören: Sparen Sie sich die Mühe und steigen Sie gleich in die neue Ära ein.

Spätestens seit Beginn des Internet Zeitalters hat sich das „alte" Marketing überholt.

Aufgrund der technologischen Veränderungen und der gestiegenen Kundenerwartungen ist es heute notwendig, von den sechs Is zu sprechen:

Information

Individualisierung

Investment (in Kundenwert)

Interaktion

Integration

Erfahrung (experience – als Ausnahme von der Regel ein E – im Englischen allerdings ein I gesprochen). (In Anlehnung an: Malcolm McDonald and Hugh Wilson, The New Marketing, 2002).

Diese sechs Is sind als Prinzip für ein effizientes Marketingmanagement zu sehen, das ebendiese Bereiche auf der Kundenebene instrumentalisiert. Sehr vereinfacht ausgedrückt, geht es darum, wie ein Pharmaunternehmen informiert – dabei individuell auf den Kunden eingeht, kommuniziert und verkauft, ihn in die Aktivitäten aktiv mit einbezieht, Versprechen hält und damit eine Erfahrung für den Kunden schafft, die Kundenloyalität bestätigt. Das Manifest der Differenzierungsquellen aus dem Produkt und den Services, die man mit dem Produkt verbindet, hält nicht mehr länger. Das Schlüsselelement der Differenzierung wird die Kundenerfahrung. Der Begriff, den man in anglo-amerikanischen Arbeiten mit Total Customer Experience (TCE) geprägt hat, bestimmt in den fortschrittlichen Branchen die Marketingstrategien.

Gemeint ist damit die Kundenerfahrung an den Berührungspunkten des Unternehmens. Das Schlagwort Customer Journey bringt den Begriff des Kundenlebenszyklus als Reise. Die einzelnen Stationen sind jeweils Erlebnisse des Kunden. Wenn alle Erlebnisse positiv sind, dann ist eine Wertsteigerung möglich und eine Kundenbindung ist gegeben.

Kjell Nordström bringt die Ansprüche auf eine einfache Formel. Das, was den Kunden interessiert (und uns Geschäft bringt), ist: wer „fit" ist, wer Bester ist oder die beste Marke (technologisch, Performance etc.) repräsentiert oder „sexy" im Sinne von Attraktivität und Lebensfreude ist.

Paul Greenberg (CRM in the speed of light, 2004) zeigt ein Beispiel aus der Konsumgüterbranche, das aus zwei Gründen interessante Anknüpfungspunkte und Anregungen für die Verbesserungen im Pharmavertrieb bietet:

Erstens: der starke Bezug zu verkaufsprozessanalytischer Schematisierung,
zweitens: ein vielleicht auch vager Hinweis, wie diese Erfahrung im „Mikroprozess" des Arztgespräches gemessen werden könnte.

Hinsichtlich der Verkaufsprozessanalyse illustriert die nachfolgende Abbildung von Greenberg eine faszinierende Möglichkeit, die Kundenerfahrung oder Erlebnisse zu betrachten und Ansätze zu finden, die negativen Erlebnisse zu korrigieren:

Diese Abbildung zeigt den „Erlebnisbereich" eines Kunden beim Einkaufen in einem Supermarkt. Mithilfe von wissenschaftlichen Methoden wird das Einkaufserlebnis des Kunden gemessen und in dieser Grafik dargestellt.

Zu sehen sind die anfangs hohe Erwartung (y-Achse) und auch die entsprechenden positiven Erlebnisse. Erst bei der Suche nach spezifischen Informationen fällt das Erlebnis ins Negative. Beim Checkout an der Kasse schwingt das Erlebnis wieder in den positiven Bereich. Beim Zubereiten der gekauften Fertiggerichte macht sich dann wieder Enttäuschung breit.

Bei der Vertriebsform des Direktvertriebs haben wir die umgekehrten Voraussetzungen. Der Kunde kommt nicht zu uns, wir gehen zum Kunden – aber die Erlebnisse sind durchaus vergleichbar.

Einiges ist hier noch zu überlegen, wie diese Art von Erlebniskarte für den Pharmavertrieb erschlossen werden kann. Überzeugt bin ich, dass diese Art von „Kartografie" uns viel Aufschluss geben kann, die zigtausenden Mikroprozesse, die täglich im Feld ablaufen, zu verbessern.

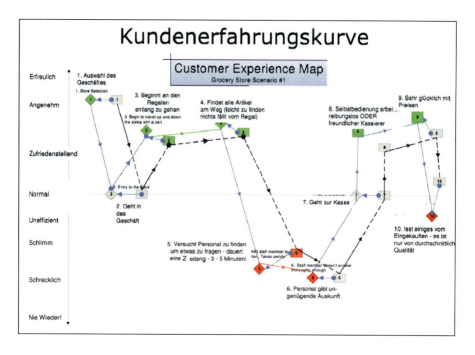

Abb. 22: Kundenerfahrungskurve – (übersetzt aus: P. Greenberg, CRM at the Speed of Light, 2004)

Mit diesem Beispiel wird deutlich, dass das Produkt Tablette von einst sich in eine völlig neue Dimension morphiert. Wie bereits erwähnt, rückt das Produkt immer mehr in den Hintergrund – der Bereich Services, der in den achtziger und neunziger Jahren als Differenzierungsquelle entwickelt wurde, wird nun in den Bereich Erfahrung übergeführt und bekommt damit eine völlig andere Bedeutung.

Die Erfahrung und das Erlebnis in der Interaktion mit dem Pharmaunternehmen – egal in welcher Form, sei es Außendienstbesuch oder Webseite – werden zur wertschöpfenden Größe aus Kundensicht und man muss annehmen, dass sich daran die Loyalität des Kunden orientiert.

Die Berücksichtigung dieser neuen Marketingregeln im Rahmen der VKPA, entwickelt diese neuen Marketingstrategien in ein Synergiebündel, das, von den sechs Is getragen, die (aus der VKPA betrachtet) begleitenden Maßnahmen beschreibt.

Aus dem Angebot „Produkt" wird eine Erfahrung, deren Elemente aus Service, Erlebnis und Emotion besteht.

+Erlebnis
+Emotion

+Service

Produkt

Abb. 23:   Erfahrung aus Produkt, Service, Erlebnis und Emotion -© Photographer:
Monika Wisniewska Agency: Dreamstime.com

Im Rahmen dieser Forderungen stellt sich die Frage nach der Organisation des Marketings. Wie passt das zu dem in den meisten Unternehmen vorhandenen Produktmanagement?

Diese Frage halte ich nicht für ein bedeutendes Kriterium für eine erfolgreiche Verkaufsprozessanalyse. Möglicherweise kann man bis zu einem bestimmten Grade davon Abstand nehmen, alle Modeerscheinungen mitzumachen. Die aktuellen Diskussionen auf Vorstandsebene, einen Corporate Customer Officer (CCO) zu etablieren, können vielleicht in den firmeninternen Ansprüchen die entsprechenden kundenzentrischen Maßnahmen so weit als Chefsache verankern, dass sie damit glaubwürdiger werden. Dies ist als Signal sicherlich in Ordnung. Die Bedeutung ergibt sich aus den Zielen und Strategien, die den wertschöpfenden, kundenzentrischen Ansatz erst zum Leben bringen. Sich darauf zu konzentrieren, halte ich für einen besseren Energieeinsatz. Das Schild, das man vor die Türe hängt oder auf seine Visitenkarte setzt, ist manchmal auch schwerer zu erreichen – weil politisch emotioneller besetzt, als die Konsequenzen der Verkaufsprozessanalyse auf den Produktmanager Job zu übertragen und voll mitzuziehen.

Interessant ist in diesem Zusammenhang die Überlegung, die in einem Aufsatz (Peppers&Rogers Group: Customer Focused Process Design, 2005) aufgezeigt wurde.

Die notwendigen organisatorischen Anpassungen um eine kundenzentrierte Organisation zu erreichen, sehen Peppers & Rogers in drei Bereichen:

- Kundenwertanalyse auf Segmente bezogen,
- Kommunikationskanalmanagement oder Channelmanagement und
- Produktmanagement.

Hier sind drei verschiedene Aufgaben, die ineinander greifen müssen. Im Pharmamarketing sehe ich ganz deutlich die Notwendigkeit, dass sich Produktmanager neu orientieren müssen. Weg von der Umsetzung von forschungslastigen Produkteigenschaften, zu Kundenbedürfnissen und Präferenzen der verschiedenen Kundensegmente. In diesem Szenario ist es die Aufgabe des Produktmanagers, Wertangebote zu entwickeln, der Kundensegmentmanager individualisiert diese Angebote zu Wertangeboten für bestimmte Segmente und der Channelmanager liefert diese Werte an Kunden über die verschiedensten Kommunikationskanäle mit der Zielsetzung der Wertsteigerung beim Kunden.

Wie bereits in den vorigen Darstellungen angedeutet, hat die Verkaufsprozessanalyse weitreichende Konsequenzen. Die zu erwartenden Erfolge sind an diese notwendigen Veränderungen geknüpft und es macht wenig Sinn, kosmetische Veränderungen im Vertrieb mit der Erwartung von durchgreifenden Erfolgen voranzutreiben.

In dem Ausmaß, in dem die Produktivität in den einzelnen Verkaufsprozessphasen transparent wird, wird deutlich, wo die größten Effizienzreserven liegen. Dies offenbart eine Lücke, ja vielleicht besser ausgedrückt eine weit klaffende Schlucht, in der heutigen Marketingstrategie. In einem Artikel (Off-White Papers, 2004 Ad Track Corp.) wird dabei von einem fehlenden Stück gesprochen – dem Kundenakquisitionsmanagement. Die Logik ergibt sich aus dem Fluss „vom Prospect – zum – Kunden" Lebenszyklus.

Nachdem die Akquise heute nicht bewusst mit Strategien und Aktivitäten als dezidierter Schritt betrachtet wird, ist auch die Metrik praktisch inexistent. Das Messen der Ursache/Wirkung in dieser Prozessphase wird die Marketingstrategie als „Evidence Based" Marketingtool um Quantensprünge verbessern.

Obwohl Vertriebsabteilungen sich mehr und mehr an ein Prozessverständnis gewöhnen und Marketing zunehmend akzeptiert, dass Marketingaktivitäten zunehmend mit harten Messdaten überprüft werden, gibt es bei der Entwicklung von prospektiven Kunden kaum Daten. Die „Stimme des Marktes" wird kaum gemessen, obwohl hier der Grundstein liegt, wie rasch ich jemanden zu einem Topkunden entwickeln kann, oder wie viel mir entgeht, weil der Prospect mich aus irgendwelchen Gründen ablehnt. Unsere CRM Systeme messen schon ganz gut die wichtigen Größen, aber die Kunden, die sozusagen ohne nähere Daten in unseren Systemen existieren, sind eine unbekannte Größe (im wahrsten Sinne des Wortes).

Ganz deutlich bezieht sich das Kundenakquisitionsmanagement auch auf die Ärzte, die man gut kennt, die schon gut-frequent besucht werden, die aber trotzdem nichts verordnen. Das Kundenakquisitionsmanagement hat zum Ziel:

die Stimme des Marktes zu erfassen,
Erlebnisse des möglichen Kunden (Prospect) zu steuern und
Vertriebs- und Marketingwerkzeuge (im Sinne von Multichannelmarketing) einzusetzen.

Hier ist das Revier des automatisierten Adlers:

Marketing Transaktionen oder Aktivitäten müssen hier gemessen werden. Mit neueren Vorsagemethoden (predictive CRM) können die Aktivitäten auf bestimmte Segmente gezielt abgestimmt werden, so einen höheren Wirkungsgrad erzielen und damit die Ergebnisse verbessern. Noch bevor der Arzt beginnt zu verordnen, sollte eine positive Kundenbeziehung installiert sein, die vor allen Dingen darin besteht, dass ihm die Produkte und Lösungen unseres Unternehmens schon länger bekannt sind.

Die Darstellung der notwendigen Maßnahmen erhebt keinen Anspruch auf Vollständigkeit. Ausreichende Literatur ist vorhanden, um das Verständnis zu den einzelnen Maßnahmen zu vertiefen. Ich beschränke mich hier darauf, die relevanten Punkte darzustellen, um das Verständnis zur Verkaufsprozessanalyse abzurunden.

Allen voran gestellt noch eine Thematik, die aus einem internen Vergleich von Pfizer klar identifiziert wurde. Die neuen Medien und Methoden, obwohl hinsichtlich der Wirksamkeit mittlerweile ausreichend bewiesen, sind noch in hohem Maße im praktisch angewandten Marketingmix deutlich unterrepräsentiert. In den USA übersteigt bereits die Zeit, die der Arzt mit Produktinformationen übers Internet verbringt, die Zeit, die den Pharmareferenten gewidmet wird. Und hier liegt eine große Gefahr. Das, was die Ärzte heute als Marketing Interruptus (Paul Greenberg, 2004) erleben, nämlich das „Eindringen" des Außendienstmitarbeiters in den Prozess des Arztes, der zumeist als Störung empfunden wird. Gewiss schafft das kein Wertempfinden beim Arzt. Aber: Besuche können auch so gestaltet werden, dass die Aktivität nicht als Marketing Interruptus wahrgenommen wird, sondern positiv empfunden wird. Das „unterbrechende" Marketing stammt aus den traditionellen Marketingzeiten. Die Aktivität war als solches auch als Einzelaktion gedacht, sie tauchte praktisch aus dem Nichts auf, um dann nach dem Pitch wieder im Nichts zu verschwinden. Entsprechend der Qualität empfand der besuchte Arzt oder Apotheker das als Unterbrechung oder aber im positiven Sinne als willkommene Abwechslung.

Insbesondere durch die Internetrevolution wurden neue Kommunikationskanäle geschaffen, die wahrhaft segensreich sind. Leider sind viele dieser Entwicklungen an einigen Marketingabteilungen unbemerkt vorbeigegangen. Doch Glück für diejenigen, die hier tätig werden. Eine Differenzierung ist hier noch leicht möglich.

Aus der Multichannel-Betrachtungsweise mit der Berücksichtigung der Berührungspunkte (Touchpoints) ergibt sich ein Mikrokosmos, der individuell organisiert und geführt werden muss.

An diesen vielfältigen Möglichkeiten, die zumeist vom Kunden definiert werden, ist leicht zu ersehen, dass ein funktionierendes CRM System unabdingbar ist. Die Vernetzung der Information ist von eminenter Bedeutung. Ein Außendienstmitarbeiter, der beim Arztbesuch seinen Einstieg mit den Worten beginnen kann: „… unser medizinischer Leiter hat Ihnen gestern auf Ihre Anfrage Informationen zum Produkt X gegeben. Sie hatten da eine spezifische Patientensituation … war die Auskunft für Sie zufriedenstellend oder kann ich noch etwas für Sie tun?", wird selbst heute noch in Zeiten der CRM Bewegung, dem Arzt das Gefühl geben, das ganze Unternehmen ist daran interessiert, für den individuellen Arzt und seine speziellen Probleme Lösungen zu suchen und anzubieten.

Abb. 24: Multichannelmarketing – Touch Points und Kommunikationskanäle

Einige praktische Beispiele zeigen deutlich auf, dass ein Unternehmen, das in der Lage ist, diese Organisation zu meistern, einen uneinholbaren Vorsprung am Markt erzielen wird. Basis dieses Vorteils ist die Wertschöpfung für den Kunden.

Obwohl diese Ideen schon in vielen Branchen realisiert sind und einzigartige Erfolgsstorys durch die Fachpresse gehen, sind die Beispiele in der Pharmaindustrie noch sehr dürftig. Erwähnenswert ist hier Pliva, die jüngst ihr Geschäft auf den Generika-Markt konzentriert haben. Eine Reihe von Multichannel Strategien wurden von diesem Unternehmen auch gezielt gemessen. Ausgangspunkt war die Ausrichtung der Unternehmensstrategie auf e-Marketing und CRM. Dazu wurden eine Reihe von Pilotprojekten initiiert und neue Prozesse in der Verkaufs- und Marketingorganisation in die Wege geleitet. In den Heimmärkten in Südosteuropa wurden medizinische Portale aufgebaut, die sich zu den marktführenden Internetportalen entwickelt haben. Damit wurde ein hoher Grad an Bekanntheit für die Brand erreicht, die auch die Portale als zuverlässige Informationsquelle aufgebaut hat. Mehr als 80 % der Ärzte, die in dieser Region das Internet benützen, sind Mitglieder der PLIVA Portale und ermöglichen den Newsletterversand und die Übermittlung anderer promotioneller Informationen auf regelmäßiger Basis. Aber all das ist erst der Anfang einer breiteren Multichannel Kampagne. Die Verstärkung der Aktivitäten bezüglich PR, Mailings, E-Mail Kampagnen, Call Center in Verbindung mit GSM Aktivitäten zur Unterstützung der Patientencompliance und Direct to Patient Kontakten durch verschiedenste Medien steht dabei im Vordergrund.

Innerhalb der letzten drei Jahre hat PLIVA diese Aktivitäten in 15 Ländern realisiert. Anhand eines einzelnen Produktes, das konstant um 10 % Umsatz verloren hatte, konnte der Effekt gut gemessen werden. Im ersten Quartal, nachdem die E-Mail Kampagne gestartet wurde, kam es zum Turnaround und ein vierprozentiger Zuwachs konnte verzeichnet werden. 14 % waren es im zweiten Quartal und 10 % im dritten.

Mit diesem Ergebnis konnte man die Geschäftsleitung überzeugen, dass das Potential dieser Strategie enorm war. PLIVA berichtet auch über ein voll integriertes Multichannel Programm, das Pharmareferenten, Call Centers, Website, E-Mailing, Direktmailing und Key Account Management verzahnt. Das Projekt, von einem einzigen Projektleiter koordiniert, hat das Ziel, einen

Marktanteil von 30 % innerhalb von 6 Monaten zu erreichen. In den ersten Tagen nach dem Start stiegen die Großhandelsumsätze derart an, dass wahrscheinlich anstelle der 30 % ein 40 %iger Marktanteil erreicht wird – und das in 6 Monaten!

7.3   Kampagnenmanagement/Leadgeneration

In der Metapher „Adler" ist das Hinabstoßen des Adlers, um die fette Beute zu machen, der „Schlussprozess". Um zu wissen, dass es tatsächlich fette Beute gibt, untersucht er noch aus weiter Ferne das Bild, das sich ihm in der Höhe bietet. In dem Ausmaß, in dem sich heute der Vertrieb den Prozessen zuwendet und Marketing mehr und mehr die „harten" Metriken akzeptiert und seine Effekte misst, wird eines deutlich. Es fehlt ein wichtiges Stück in unserer Betrachtungsweise. Gleichsam die vorgelagerte Beobachtung des potentiellen Kunden hinsichtlich seines Verhaltens und Potentials. Dieses fehlende Stück kann am besten das bereits erwähnte Kundenakquisitionsmanagement übernehmen.

In dieser prozessorientierten Betrachtungsweise stößt man unweigerlich auf dieses Thema. Und hier gilt es, ganz entschieden und beherzt diesen Bereich einer Lösung zuzuführen.

Dabei sind aus Kundensicht drei Strategien zu verfolgen:

Erfassung der Marktreaktionen entspr. der Zielgruppen
Kanalisierung der Erfahrungen der Zielgruppen und
Entscheidung darüber, welche Verkaufs- und Marketinginstrumente eingesetzt werden.

Ausgangspunkt der Überlegungen ist, dass alle Marketingaktivitäten irgendwelche Reaktionen bei Ärzten hervorrufen. Vorstellbar als großes Hörrohr oder Trichter, der den Markt abhört und die einzelnen Stimmen entsprechend sammelt und identifiziert und mit Qualifikationsinstrumenten einstuft. Die Sammlung und Bewertung dieser Informationen mündet in Aktivitäten, die mit Leadgeneration zusammengefasst werden können.

Der Begriff „Leads" bezeichnet präzise definierte, potentielle Kunden. Die Definition wird intern festgelegt und bezeichnet die Qualität des Prospects.

Grundvoraussetzung für eine derartige Vorgangsweise ist die Gestaltung aller Marketingaktivitäten als Dialogmarketing. Dies sollte heute bereits in allen Unternehmen Standard sein. Zeitgemäß ist heutzutage die Organisation der Marketingaktivitäten als Kampagnen.

Als Kampagnen sind Aktivitäten zu verstehen, die von der Planung über Durchführung, Steuerung und Kontrolle mediengestützte Marketingaktionen

mit bekanntem Empfänger beinhalten. Sie laufen zielgruppen- und zeitpunkt-
gerecht über verschiedene Kanäle ab und integrieren einen offenen Rückkanal
für mögliche Interaktionen.

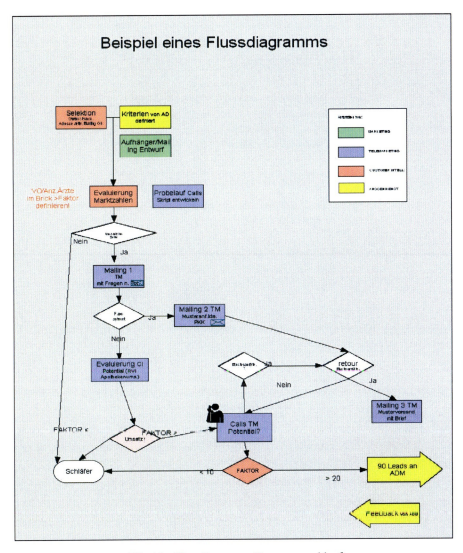

Abb. 25: Flussdiagramm: Kampagnenablauf

Im Finanzdienstleistungs- und IT-Bereich haben sich diese Methoden bereits vielfach bewährt. Entsprechend steil ist ihre „Karriere" verlaufen. Mittlerweile wurden in diesen Branchen die Disziplinen Leadgeneration und Demand Creation zunehmend in den Verantwortungsbereich der Unternehmensleitungen verlagert.

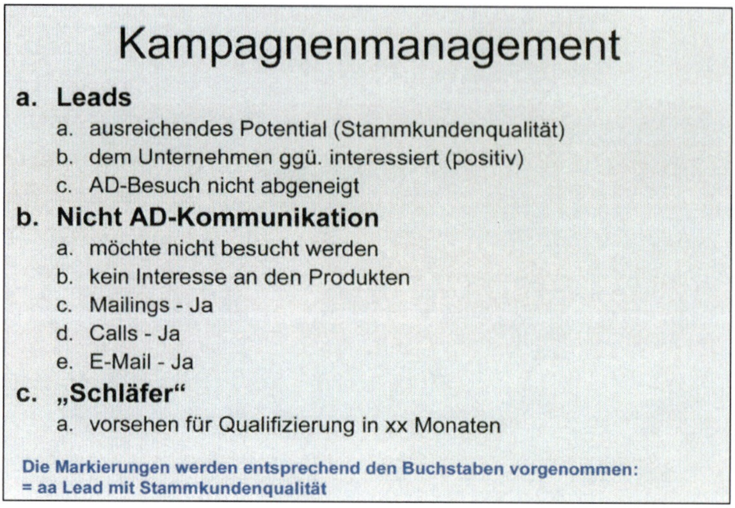

Kampagnenmanagement

a. Leads
    a. ausreichendes Potential (Stammkundenqualität)
    b. dem Unternehmen ggü. interessiert (positiv)
    c. AD-Besuch nicht abgeneigt

b. Nicht AD-Kommunikation
    a. möchte nicht besucht werden
    b. kein Interesse an den Produkten
    c. Mailings - Ja
    d. Calls - Ja
    e. E-Mail - Ja

c. „Schläfer"
    a. vorsehen für Qualifizierung in xx Monaten

Die Markierungen werden entsprechend den Buchstaben vorgenommen:
= aa Lead mit Stammkundenqualität

Abb. 26: Kampagnenmanagement – Terminologie

Seit einigen Jahren existieren hier auch äußerst hilfreiche Softwareprogramme, die entweder als stand-alone oder integriert in ein CRM System diese Prozesse unterstützen. Zu beachten ist dabei, dass die Teilaktivitäten einer Kampagne detailliert geplant werden. Im vernetzten Marketing gibt es immer wieder die Kommunikationsproblematik. Bei den von mir durchgeführten Projekten hat es sich als höchst nützlich erwiesen, ein genaues Flussdiagramm dieser Kampagnen darzustellen und an alle Beteiligten zu kommunizieren.

Die Grafik auf der vorhergehenden Seite zeigt einen hier sehr vereinfachten Ablauf einer Kampagne. Nach entsprechenden Durchläufen können die Resultate direkt an den Pfeilen vermerkt werden. Damit ist ein Vergleich von verschiedenen Kampagnen mit verschiedenen Inhalten möglich. Beispielsweise lässt sich leicht herausfinden, auf welche textliche Gestaltung eines Mailings mehr Antworten zu erzielen waren.

Ganz unten in der Grafik ist ersichtlich, mit wie vielen Verordnungen pro Woche die Leads definiert sind. Die manuelle Aufbereitung dieses Flussdiagramms ist zwar sehr mühsam, es ist jedoch unumgänglich für eine erfolgreiche Kampagnenorganisation, die einzelnen Schritte für alle Beteiligten entsprechend aufzubereiten.

Die Definition der Leads und der einzelnen Kategorien ist genau vorzunehmen.

Beispielhaft werden hier folgende Definitionen angeführt:
Wie das gesamte Konzept eines Verkaufsprozesses erfordert das Denken in Prozessen einen weitaus größeren Aufwand hinsichtlich der Organisation als die herkömmlichen Marketingaktivitäten. Die Einbindung der verschiedenen Akteure bereits in der Designphase einer Kampagne erleichtert die erfolgreiche Durchführung und stellt auch sicher, dass die Lerneffekte nicht verloren sind. Und die Lerneffekte spielen hier eine sehr große Rolle. Uns war es möglich, mit kleineren Kampagnen zu beginnen. Die Fehlerquote am Beginn war ziemlich hoch und die Notwendigkeit, den Workflow entsprechend zu kalibrieren und anzupassen, verursacht dabei einen hohen Arbeitsaufwand. Dabei ist es von Vorteil, nicht allzu große und komplexe Kampagnen aufzusetzen. Mit zunehmendem Perfektionsgrad im Zusammenspiel der einzelnen Bereiche kann man nicht nur „bessere" Kampagnen im Sinne von Wirkungsgrad fahren, sondern ist auch in der Lage, mehrere Kampagnen parallel durchzuführen. Die Lernkurve steigt dabei dramatisch an und der Erfolg ist in wenigen Monaten evident. Kampagnenmanagement beinhaltet natürlich auch die Erfassung der Wirkungen und Resultate in Metriken. Das Festmachen und permanente Messen an den Sollvorgaben sowie die Vergleiche mit den Ergebnissen vorhergegangener Kampagnen erlauben hier einen kontinuierlichen Lern- und Verbesserungsprozess, der auch für alle Beteiligten immer wieder Stimuli für weitere Verbesserungen schafft. Ein Beispiel für die Metriken beim Kampagnenmanagement ist der nachfolgenden Abbildung zu entnehmen.

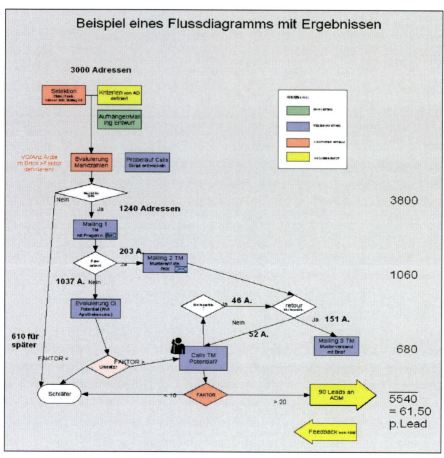

Abb. 27: Flussdiagramm mit Metriken

Die Abbildung zeigt pro Stufe die Anzahl der potentiellen Kunden und das erzielte Resultat. Leicht hinzufügen lassen sich dabei die Kosten, die dann für einen Vergleich von mehreren Kampagnen gute Optimierungsmöglichkeiten bieten. Damit lassen sich die einzelnen Kampagnen gut priorisieren. Der Lernprozess entwickelt sich aus der Diskussion der Zahlen und die Ausrichtung zukünftiger Kampagnen ist unzweifelhaft festgelegt.

Die Vorteile dieser „neuen" Strategie sind sehr überzeugend. Ich werde hier einen ganz einfachen Vergleich präsentieren, einen Vergleich der Transaktionskosten (siehe auch unter Moriarty et al., Managing Hybrid Marketing Systems, HBR 1990).

Im ersten Beispiel handelt es sich um einen Kunden, der kaum besucht wurde, möglicherweise verordnete er manchmal unsere Produkte, sein Potential ist, wie sich anhand von verschiedenen Informationen (entstanden an den Kunden-Berührungspunkten und erfasst im CRM System) nachvollziehen lässt, ausgesprochen interessant.

Jedenfalls wird dieser zunächst einmal etwas intensiver besucht:

Erster Besuch – Ziel ist die Qualifikation	150 €
Zweiter Besuch – Ziel ist Bedarfserhebung, Awareness?	150 €
Dritter Besuch – Ziel ist der Mustereinsatz	150 €
Vierter Besuch – Ziel ist die Ausweitung	150 €
Fünfter Besuch – ist jetzt guter Verordner, kann aber mehr	150 €
Sechster Besuch – weitet Verordnungen aus	150 €
Siebter Besuch – etabliert sich als Topkunde	150 €
	= 1.050 €

und hier sind nicht noch andere Kosten miteingerechnet, wie z.B. Muster etc.

Vergleichen wir diesen Prozess mit einem Leadgeneration-gestützten Verkaufsprozess:
Durch vernetztes Multichannelmarketing wird Lead definiert

Erster Besuch – Ziel ist der Mustereinsatz	150 €
Zweiter Besuch – Ausweitung	150 €
Dritter Besuch – guter Verordner (als Lead ist er als High Potential identifiziert)	150 €
Vierter Besuch – weitet Verordnungen aus	150€
Fünfter Besuch – etabliert sich als Topkunde	150€
	= 750 €

Dieses Beispiel zeigt eine Kosteneinsparung von ca. 30 % zum klassischen Pharmamodell. Die Kosten der Leadgeneration können hier vernachlässigt werden, die verschiedenen sporadischen Besuche dieses Kunden sind ja auch nicht in die Kalkulation eingeflossen. Dies in einem Bereich mit einem bestehenden Produkt. Nehmen wir ein Beispiel eines neuen Produktes in einem neuen Markt.

Der Pharmareferent stößt hier auf möglicherweise unbekannte Ärzte, besucht sie ein- oder mehrmals, bis er erkennt, ob sie zielgruppengerecht sind. In diesem Fall kommen noch einmal 2 – 3 Besuche dazu.

Damit rechnet sich die Ersparnis zur Entwicklung eines Topkunden auf über 40 %!

Und dann nehmen Sie noch die Situation eines neuen Außendienstmitarbeiters, oder der Übernahme eines neuen Gebietes.

Die Kosten dieser Leadgeneration sind, auf den Einzelkunden gerechnet, gering. Was viel bedeutender ist, ist der Lernprozess, der für eine erfolgreiche Durchführung notwendig ist. Die genaue Erfassung über ein Flussdiagramm wurde schon dargestellt. Den größeren Brocken stellt die wie bei allen Prozessen übliche Abneigung einzelner Akteure gegenüber dem Prozess dar. Eklatant ist hier der katastrophale Irrtum von manchen Außendiensten, die Kunden seien ihr persönliches Besitztum. Die Verpflichtung und Botschaft, die das Management schon im Vorfeld abgeben muss, ist ein klares Bekenntnis dazu, dass – wenn überhaupt – der Kunde zum Unternehmenskapital gehört. Niemals kann es angehen, dass Außendienstmitarbeiter sich beschweren, dass jemand vom Marketing „ihre" Kunden ohne Erlaubnis, aufgrund einer „pervertierten Marketingidee", kontaktiert.

Dies klingt für manche paradox, aber dieses Dogma ist heute noch sehr weit verbreitet. Überhaupt ist bei allen Kanälen (E-Mail, Direktmarketing, Call-Center etc.) darauf zu achten, dass niemand einen Besitzanspruch darauf erhebt. Dann wäre der integrative Charakter wieder zu einer Insellösung retardiert. Und diese Vorgangsweise ist eindeutig kontraproduktiv.

Neben einer klaren Aussage der Unternehmensführung ist natürlich auch eine solide Kommunikation hinsichtlich der neuen Marketingmethoden vonnöten. Meine Erfahrungen mit Benchmarking, insbesondere aus anderen Branchen, waren hervorragend. Es ist hier eine wichtige Aufgabe des Moderators, die dahinter liegende Philosophie mit praktischen Beispielen zu thematisieren und mit den Vertriebsmitarbeitern ihren persönlichen Vorteil aus dieser neuen Vorgehensweise zu erarbeiten.

Als wichtige Konsequenz bei der Umsetzung der Verkaufsprozessanalyse räume ich hier einem wenig beachteten, organisatorischen Aspekt einen größeren Raum ein.

Wie in vielen Unternehmen wurde auch in den Unternehmen, in denen ich diese erfolgreichen Verkaufsprozessanalysen praktisch durchführen konnte, ein klassisches Reengineering Projekt durchgeführt. Die organisatorischen Veränderungen aus diesen vor einigen Jahren schon durchgeführten Projekten bestanden in der Zusammenfassung von verkaufsunterstützenden oder wertschöpfenden Aktivitäten in eine Organisationseinheit, die dann organisationsübergreifend tätig wurde. Diese organisatorischen Maßnahmen, die schon einige Zeit zurücklagen, erleichterten das Projekt ganz enorm. Es wurden ja ziemlich rasch im Verkaufsprozess Lücken sichtbar, die durch die bereits zurückliegenden organisatorischen Maßnahmen zur Einrichtung einer Backofficeorganisation geschlossen werden konnten.

Viele Organisationen sind heute auf dem Wege, solch eine Organisationsform zu implementieren oder zu planen. Ich halte eine schlagkräftige Backofficeorganisation, bestehend aus einem Call/Kontaktcenter, Internet Content Management mit e-Marketing, Eventmanagement und CRM als Interpretations- und Analysezentrum, für unumgänglich, die hier beschriebenen Kosten- und Umsatzeffekte zu realisieren. Im Wesentlichen werden damit die Aufgaben aller Nicht-Außendienst Aktivitäten im Rahmen des Marketings und Vertriebs zusammengefasst. Dieses Backoffice ist vergleichbar mit einem Nervenzentrum, das die heute vielfach geforderte „single view of customer" sicherstellt. Genauso wie die vielen Informationen über die Nervenzellen vom Auge ans Gehirn gegeben werden, das uns ermöglicht, eine einzige von der Person wahrgenommene Sichtweise zu haben.

Organisatorisch eingebettet oder gesteuert von der Marketingstrategie lagert in diesem Bereich der „Goldschatz" des Erfolges. Aber Vorsicht: Organisatorisch entsteht hier eine Sollbruchstelle durch ein abteilungszentrisches Konkurrenzdenken. Die Verkaufsprozessanalyse kann als hervorragendes Vehikel dienen, diese Organisation besser umzusetzen. Aus der Neugestaltung von Prozessen und insbesondere aus der Anpassung der Aktivitäten auf die einzelnen Prozessstufen, entsteht auch beim Vertrieb das Bedürfnis, die notwendigen Informationen zu Kunden und Qualifikationen mit einem transparenten Prozess zu organisieren. Erst die Teilnahme am Design des Kampagnenmanagements und das Wissen über die Abläufe stellten sicher, dass von allen Akteuren die Ziele, die Vorgangsweise und die Resultate verstanden werden. Eine Sensibilität hinsichtlich der Konflikte, die hier auftreten können, ist wichtig und das beste Mittel, die Probleme zu vermeiden, besteht in einer kontinuierlichen Kommunikation über die Ziele, Vorgangsweisen und Ergebnisse. Das Zusammentragen der Informationen, die an den Touchpoints entstanden sind, kombiniert mit den Informationen, die durch Kampagnen sich zu einem mit hohem Wahrscheinlichkeitsgrad ausgezeichneten Lead verdichten, und das Übergeben dieses Leads an das wertvollste Instrument, den Außendienst,sind die wichtigsten Vorstufen im Wertschöpfungsprozess. Dieser vor- oder aufbereitete Kunde hat bereits vor den ersten Verkaufsgesprächen eine positive Erlebniserfahrung mit dem Unternehmen gemacht und hat damit tendenziell eine höhere Bereitschaft, die individualisierten, seinen Bedürfnissen angepassten Angebote des Außendienstmitarbeiters zu erfahren.

Im Rahmen der Verkaufsprozessanalyse ist es erforderlich, die Backofficeorganisation schrittweise an die geänderten Prozesse heranzuführen. Die Durchführung von Workshops zur Einführung und ersten Gestaltung von Kampagnenmanagement hat sich als überaus hilfreich erwiesen. Im Sinne der prozessorientierten Gestaltung werden die im vorhergehenden Kapitel dargestellten Kampagnen im Flussdiagramm dargestellt und als Projekt geführt. Mittels der Metriken wird an jeder Entscheidungsstelle genau festgehalten, wie das Ergebnis der jeweiligen Aktivität war. Auf eine gute Kommunikation aller Beteiligten ist zu achten, insbesondere sollte im Debriefing der Lernprozess verstärkt werden, indem Vergleiche mit ähnlichen Aktivitäten herangezogen werden. Als Vergleichsergebnis sollten die Konsequenzen bei der nächsten Kampagne berücksichtigt werden. Durch diesen kontinuierlichen Verbesserungsprozess wird die Forderung nach intensivem Hinterfragen, die bei operationellen Innovationen erhoben wird, berücksichtigt. Die Anfangshürden lassen sich rasch überwinden. Die steigenden Ergebnisse hinsichtlich verbesserter Responseraten usw. motivieren schon für sich. Die Beteiligung bei der Entwicklung neuer Ideen gibt den Mitarbeitern eine völlig neue Arbeitsdimension. Diese Motivationsschübe konnte ich in meinen Projekten klar verfolgen. Das Verbesserungspotential ist gewaltig und die

Steigerungen gut beobachtbar. Hier tut sich einiges an Wertschöpfung für die Kunden.

So konnte bei einer Kampagne innerhalb von vier Wochen eine solide Basis von ca. 1.200 Leads (3 Call Center Agents) entwickelt werden. Diese Leads hatten mehrere Kontakte (z.B. Kongress, Anruf, Nachbestellung von Patientenblättern), während denen jeweils mit einer Frage gezielt das Patientenpotential hinterfragt wurde. Die Callcenter Agenten waren geschult, um mit den unterschiedlichen Informationen inklusive der Einsicht in die Nanobricksituation, ein bestimmtes Bild zusammenzusetzen, das ein hohes Potential bestätigte. Dabei handelte es sich um unbesuchte Ärzte. Wir rechneten mit einer Wahrscheinlichkeit von 20 %, dass diese Kunden in der Pyramide aufsteigen und zu Stammkunden oder gar zu Topkunden werden könnten.

Pharmaunternehmen sind heute gefordert, diese Prozesse zu orchestrieren. Diejenigen, die es schaffen, eine Virtuosität auf diesem Gebiet zu erreichen, werden die Gewinner der nächsten Jahre sein.

8

DIE UMSETZUNG UND PRAKTISCHE DURCHFÜHRUNG DER VKPA

8.1 Und über allem steht der vom Kunden wahrgenommene Wert

Überlegungen zur Wertschöpfung
Kundenintegrationsmodelle und Übertragbarkeit

Der Wert, aus der Kundensicht betrachtet, bildet das wesentliches Fundament in der verkaufsprozessanalytischen Betrachtungsweise. Die Verkaufsprozessanalyse hat ja als übergeordnetes und alle Aktivitäten beeinflussendes Ziel die Wertsteigerung. Als Wertsteigerung gilt hier im strikten Sinne die Wertsteigerung aus der Wahrnehmung des Kunden. Von Bedeutung ist der Wert: die Einschätzung des Kunden bezogen auf das Unternehmen, die Mitarbeiter und die Produkte und Dienstleistungen, die ihn zu bestimmten Handlungen (z.B. Verordnungen) veranlasst.

Pharmaunternehmen existieren, weil die Ärzte (und/oder andere Kunden z.B. Patienten) einen Wert entwickeln. Dieser Wert ist hochgradig emotionell, dient aber als Basis für die Entscheidungen.

Dieser Wert kann in vielen Facetten auftreten:

- Mehr Geld zu verdienen, weil mehr Patienten kommen
- Geld zu sparen, weil das Produkt sicher, einfach und rasch wirksam ist
- Zeit zu sparen, weil Diagnose vereinfacht
- Frustration zu verhindern, weil Therapie erfolgreich
- Verbesserung der Glaubwürdigkeit und der Beziehung zu seinen
- Patienten

Wie können wir diesen „Wert" von den Kunden lernen oder erfahren und diesen Wert vom Kunden abfragen?

Ein Aspekt besteht in einem profunden Marktwissen (nicht Marketingwissen). Es muss im Unternehmen zur Philosophie gehören, die Stimme der Kunden wahrzunehmen und zu Wissen zu transformieren. Siehe dazu auch die Ausführungen zu Kundenakquisitionsmanagement (Kapitel 7.2.) – dort sollte diese Funktion erfüllt werden. Die zweite Seite ist im Vertriebs- und Marketingprozess selbst zu sehen. Jeder Schritt im Verkaufsprozess muss so gestaltet sein, dass er

Wert schafft. Die Akteure von Unternehmensseite müssen sich vollkommen im Klaren darüber sein, wie diese Wertschöpfung erreicht wird, bezogen auf die individuellen Werte des entsprechenden Kunden.

Das beginnt mit dem Kennenlernen des Unternehmens – für Kunden, die noch nie von uns etwas gehört haben, bis zur Vertrauensverstärkung für die Stammkunden, die unserem Produkt seit Jahren vertrauen.

Der Wert, den ein Pharmaunternehmen seinem Kunden anbietet, muss perfekt dem Kunden „passen". Das Pharmaunternehmen – oder besser gesagt sein Angebot, ist sozusagen ein Antagonist für den Kunden (der verhindert, dass sich ein Kunde nach anderen Angeboten umsieht). Daraus folgert, dass der Kunde hinsichtlich seiner Visionen und seines Profils, seiner Ziele und Strategien und der aktuellen Themen, die ihn bewegen, bekannt sein muss. Nur der perfekte „Fit" dieser Kundeneigenschaften garantiert einen Verkaufserfolg. Dabei gibt es taktische Aspekte, die mit Produkteigenschaften abgedeckt werden, und strategische Aspekte wie Zielsetzungen des Kunden, die ebenfalls mit dem zu entwickelnden Äquivalent in unserem Angebot in Übereinstimmung gebracht werden müssen.

Die heute noch sehr jungen Erkenntnisse zur Verkaufsprozessanalyse haben noch nicht zu einem schlüssigen Modell der Wertschöpfungsmechanismen geführt. Einen interessanten Ansatz stellen die Vertreter der Six Sigma Bewegung – insbesondere in den USA zu einer Kultbewegung geworden – dar. M. Lloyd stellt eine Methode des Prozess Mapping dar, die darauf abzielt, ein Wertprofil des Kunden zu erstellen. Anhand dieses Wertprofils ist es möglich, den gesamten Verkaufsprozess darauf abzustimmen und alle Interaktionen mit Kunden inklusive der Promotionsmaterialien zu entwickeln. Damit versucht man dem Anspruch gerecht zu werden, dass an jedem Interaktionspunkt ein wertsteigernder Effekt produziert wird.

Dieses Business Value Mapping – ich bezeichne es als Wertkatalogisierung – ist ein wertvoller Schritt, der einen wichtigen Beitrag zu der Förderung der Wertschöpfung liefert und daher in meinen letzten Projekten sehr stark intensiviert wurde.

Ein Beispiel kann das illustrieren:

Eine der Standardreaktionen der Teilnehmer an der Verkaufsprozessanalyse ist die Frage, wie können wir denn diese zwingenden Besuchsfrequenzen bei Kunden erreichen, wenn wir nur einen Termin pro Quartal zugeteilt bekommen. Wie kann es sein, dass das Unternehmen eine Frequenz definiert, die es ermöglicht, eine Stufe höher aufzusteigen, gleichzeitig aber der Kunde diese Frequenz gar nicht haben will. Ist das nicht eine klassische Situation, in der der Kunde den Wert nicht erkennen kann, ja einen Besuch sogar als störend empfindet?

Spätestens hier muss man sich intensiv um dieses Thema kümmern und hinterfragen, was sind denn wertsteigernde Aktivitäten oder Interaktionen. In einem der ersten Projekte kamen einige Ideen zustande, wobei sehr erschwerend die rigorosere Behandlung von „wertschöpfenden" Maßnahmen durch den Verhaltenskodex dazukam.

Doch einige Pharmareferenten berichteten von sehr guten Erfolgen, die sie bei der Unterstützung des Arztes in seinen Bemühungen, seine Praxis auszuweiten, hatten. Die Ausweitung der Praxis war also eine der Strategien, die der Arzt sich überlegt hatte, um seine darüber geordnete Zielsetzung – mehr Einkommen oder Fixkostenminimierung – zu erreichen. Hier haben wir schon ein gutes Beispiel zu dieser Wertkatalogisierung.

Die Interaktion bestand darin, dem Arzt die Erstellung eines kleinen Faltprospektes nahe zu legen. In diesem Prospekt sollten die Leistungen und die IGeL Leistungen (individuelle Gesundheitsleistungen) sowie die Ausstattung und last but not least das Praxispersonal entsprechend ins Licht gerückt werden. Mit einfachen Grafikprogrammen hatten diese Mitarbeiter ein Layout erstellt und insbesondere die organisatorische Unterstützung in der Praxis übernommen. Die Organisation einer derartigen Broschüre war, was die zentrale Aufgabe war, zudem noch sehr zeitaufwendig. Für diese diversen Gespräche war es nicht nur möglich, sondern auch notwendig, mehrere Male in die Praxis zu kommen, wesentlich häufiger auch mit dem Arzt zu sprechen und Detailfragen zu klären. Die geschickte Gesprächsführung kann hier auch das eigene Produkt entsprechend positionieren. Das war eine der Lösungen, die hinsichtlich der Wertsteigerung äußerst effizient waren, dem Außendienstmitarbeiter tiefere Einblicke in die Organisation und das Wertesystem des Kunden ermöglicht hat. In der nach außen hin nicht sehr großartigen Übernahme der Organisation der vorhandenen Informationen, die aus zwei oder drei Besuchen und Gesprächen mit dem Personal und dem Zusammenstellen in einem Dokument bestanden, war man flugs in eine Partnerrolle geschlüpft und hat erreicht, was man erreichen wollte, nämlich die drei bis vier hochfrequenten Besuche – wertsteigernd!

Kommen wir zurück zur Wertkatalogisierung.

Die hier vorgeschlagene Vorgangsweise greift die Wertkatalogisierung auf. Die Erfahrungen beweisen, dass diese Wertkatalogisierung noch lange nicht ausgereizt ist. Sie wird in Zukunft noch einen wesentlich größeren Anteil in der Verkaufsprozessanalyse einnehmen.

Denn dann, wenn es gelingt, das Wertsystem des Kunden zu antagonisieren (im Sinne von Problemen, die ihn drücken), erreiche ich die wichtige Kundenbindung und Kundenloyalität.

Kundenloyalität – ein aufreizend magischer Begriff. Der Streit darüber, ob die Kundenloyalität existiert und womöglich sogar messbar ist, schwelt seit Jahren. Es gibt auch einige kontroverse Studien dazu, die belegen, dass diese messbar ist. Besonders demonstrativ ist das Beispiel von Harley Davidson, wo die Kundenloyalität anhand der Anzahl der Tattoos des Harley Davidson Logos an Menschen gemessen wird.

Im Januar 2004 wurde auf CRM Guru (www.crmguru.com) Bob Thompson zitiert, der eine besonders griffige Aussage zu Kundenloyalität formuliert hat: „… was Loyalität meint, ist, ich mache etwas für dich und zeige dir, dass du mir wichtig bist, und weil du mir wichtig bist, wirst du meine Marke/Produkt schätzen, und wenn ich zu dir sage, ich habe ein gutes Angebot für dich, dann wirst du mir glauben."

Um die ganze Wertgeschichte besser zu begreifen, hat sich auch der Ausdruck des Austausches des Wertes eingebürgert. Wir können das ganz gut nachvollziehen. Wenn wir gerne bei A kaufen, dann hat das ja seine Gründe. Wenn nun Firma B kommt und uns etwas Gleichwertiges anbietet, dann ist unsere Reaktion oft: „Ja, das Angebot ist wirklich gut, aber ich kaufe schon so lange bei A. Das ist es nicht wert, jetzt zu wechseln." Die Opportunität wird vom Wert her niedriger eingeschätzt. Das geht so lange gut, solange nicht für mich der Vorteil (meistens preislicher Art) so weit zunimmt, dass er den aktuellen Wert meines Stammproduktes übersteigt.

Diese Darstellung zeigt die Entwicklung von Loyalität oder Beziehungsstärke anhand der Funktionen der einzelnen Kundeninteraktionen, die im Laufe des Prozesses passieren. Einer der interessantesten Aspekte dieses Schemas ist das uns allen wohlbekannte Verhalten des Opportunismus. Dieses Verhalten empfinden viele, insbesondere im Außendienst, als besonders ärgerlich.

Abb. 28: Wertschöpfung als Leitmotiv (Frank T. Piller, interne Unterlagen)

Es ist jedoch Realität. Jeder Kunde versucht entweder von sich aus, ständig sein Verhalten dem aktuellen Wertschema anzupassen, oder durch Konkurrenzaktivitäten wird dieser Opportunismus ständig genährt. Die Beziehungsstärke entsteht eben dann gegenüber unserem Angebot, wenn das Vertrauen so stark ist, dass es den Opportunismus verhindert.

8.2 Auf den Spuren der vom Kunden wahrgenommenen Werte

Wertschöpfung – die Akteure
Das Limbische System
Positionierung der Marke als Erlebnis

Bei der Durchführung der Projekte waren anfangs meine größten Zweifel, aber auch Hoffnungen mit dem Thema „Wert" aus der Sicht des Kunden verbunden. Geht es doch darum, den Verkaufsprozess aus unserer Sichtweise dem Kaufprozess des Kunden gleichzusetzen. Wenn es gelingen würde, zum Verkaufsprozessanalysenkonzept noch ein valides Wertkonzept zu finden, könnte der dargestellte Weg als umfassend und durchsetzungsstark bezeichnet werden.

Unzählige Verkaufstrainings, basierend auf Videotraining, Motivstruktur der Kunden, Bedürfniserhebung, Argumentation Merkmal Nutzen/Vorteil – wer kennt sie nicht? –, haben versucht, den Hebel für dieses Thema zu finden.

Aber die Höhe des wahrgenommenen Wertes zu steigern, das wäre natürlich ein starker Ansatz. Mir erscheint es so, wie es in der Balanced Scorecard Methode als Prinzip dargestellt ist. Wenn ich es nicht messen kann, kann ich es auch nicht strategisch beeinflussen. Ein erster Schritt, diese Werte auch in irgendeiner Form nachvollziehbar zu machen oder die darunter liegenden Mechanismen zu verstehen, würde uns daher doch dem Ziel ziemlich nahe bringen.

Profunde Studien in den letzten Jahren haben aufhorchen lassen. Die wissenschaftlichen Ergebnisse zum Limbischen System des Menschen und die Erklärungen dazu zeigen einen Weg zum gesuchten Ziel.

Die Gruppe Nymphenburg hat sich die naturwissenschaftlichen Erkenntnisse zunutze gemacht und anhand von Produktentscheidungen dieses Konzept umgesetzt. Die Resultate waren faszinierend und wurden mit dem Mythos vom rationalen Kunden auf den Punkt gebracht:

- 70 – 80 % der Kundenentscheidungen sind unbewusst.
- Außenreize werden durch das Limbische System zu 70 % bewertet und gehe dann ins Bewusstsein, wo sie als rationale Entscheidungen formuliert werden.

Das Limbische System fasst die menschlichen Reaktionen – als Urreaktionen – in einfachem Verhaltensmuster zusammen. Bei Erkennen eines Feindes entscheidet das Limbische System auf drei Arten: Verteidigung, Flucht oder Tarnung. Man könnte auch sagen: „Draufhauen", Abhauen oder Totstellen. Erst die Entwicklung im Großhirn befähigt uns zu rationaleren Reaktionen. Dennoch werden alle Außenreize über diesen Grund-Entscheider vorgenommen und daraus resultieren unsere Entscheidungen.

Unzählige beeindruckende wissenschaftliche Untersuchungen stehen mittlerweile zur Verfügung, um diese Behauptungen zu untermauern.

Demnach lässt sich das Verhaltensprogramm des Menschen mit folgenden drei Grundrichtungen erklären (H. Häusel, Brainscript, 2005):

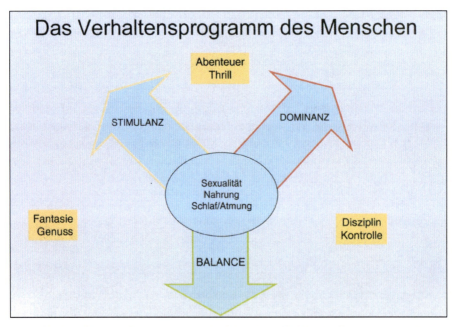

Abb. 29: Das Verhaltensprogramm des Menschen (H. Häusel, Brainscript, 2005)

Von diesen drei Achsen ist der Motiv- und Werteraum des Menschen geprägt. Eine dieser Richtungen wirkt immer dominant, die anderen sind eher untergeordnet. In den Untersuchungen ist es auch gut gelungen, diese Wertmuster beim Einzelnen darzustellen. Aus diesen vielfältigen Erhebungen sind auch viele Modelle entstanden. Sie manifestieren sich in Typologien, die mehr oder weniger valide entsprechend der Angebotsstruktur sind. So konnte man unterschiedliche Werte je nach Alter, nach Geschlecht und Angebot auch nachmessen.

Die wichtigsten Erkenntnisse daraus sind wohl die Untersuchungsergebnisse, dass Verkaufen ein emotioneller Prozess ist. Die Argumentation, die dann von uns angeführt wird, um eine Kaufentscheidung zu erklären, ist eine Vorspiegelung. Dazu liefern uns die Produktanbieter ja zumeist auch gute Begründungen. Tatsache ist jedoch, dass unsere Entscheidungen auf den drei Prämissen aufbauen, die unserem Wohlbefinden nützen:

Wir wollen uns gut oder wohl fühlen dabei, wir vermeiden negative Gefühle oder Eindrücke und die emotionalen Signale werden besser behalten als Rationales.

Klingt das nicht nach Vertrauen? Hier sind wir wieder bei unserem Schema zur Kundenloyalität. Die Vertrauensbildung ist ein wichtiges Element dabei. Ein persönlicher Zugang ist dazu unbedingt notwendig. Nur durch das persönliche Gespräch kann sich diese Vertrauensbasis dauerhaft entwickeln. Unser Sprachgebrauch hat hier diese Erkenntnisse schon vorweggenommen. Wir sprechen von Kundentreue: von Treue, die leichter zu erarbeiten ist zwischen zwei Personen als zwischen einer Person und einem anonymen Unternehmen. Die Treue zu einer Marke wird erreicht, indem die Werbung Bilder anbietet, die eine Identifikation ermöglichen. Im Pharmageschäft haben wir durch den Außendienst die Möglichkeit, die Loyalität durch persönlichen Verkauf zu verstärken.

Die wichtige Erkenntnis daraus ist, die richtigen Motive und Werte bei den Kunden anzusprechen. Das Modell funktioniert im Sinne des Antagonismus – wenn die Wertargumentation stimmig ist, wirkt die Interaktion mit dem Kunden wertschöpfend (aus der Sicht des Kunden).

Eine Wertkatalogisierung hilft uns daher dabei, diese Wert- und Motivstruktur besser anzusprechen und die Interaktionen mit dem Kunden in Richtung Erlebnis zu gestalten. Uns muss es auch klar sein, dass sich der Wert des Kunden immer auf das Angebotsbündel aus Produkt und Service und dem „Erlebnis" mit dem Verkäufer, bezieht.

Durch die Wertkatalogisierung versetzen wir uns in die Lage, diese Verbindung aus unserer Positionierung und dem Erlebnis des Kunden herzustellen.

Hierbei hilft eine einfache Struktur:

Abb. 30: Wertkatalog

Durch die richtige Fragetechnik sind das Zielsystem und die unterstützenden Strategien zu hinterfragen und aufzuzeichnen. Bereits entwickelte Typologien können hier ein guter Wegweiser sein. Diese Typologien können auch aus der Erfahrung des Außendienstes gut in Brainstorming Sitzungen erhoben werden. Ein Beispiel einer Wertkatalogisierung sei hier dargestellt:
Bereits hinlänglich bekannt ist folgende Typisierung.
Der Early Adopter oder Innovator, der fürsorgebetonte Arzt oder der imagebetonte Arzt. Mittels Befragung ist es heute relativ einfach, diese Typologien an einzelnen Kunden festzumachen. Zusätzlich sind die Beobachtungen der Außendienstmitarbeiter dabei auch hilfreich.

Ein Marktforschungsunternehmen bietet mittlerweile eine Auswertung an (Limbic Profiling – IMS Health), die sich am Limbischen System orientiert. Es steht als „nominatives Targeting" zur Verfügung und identifiziert acht verschiedene Typen. Die Abdeckung ist sehr hoch. Erste Erfolge bei der Anwendung dieser

Informationen sind sehr viel versprechend und bestätigen die Relevanz der oben angeführten Rückschlüsse.

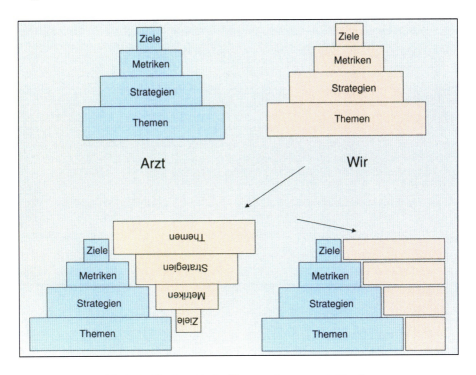

Abb. 31: Wertkatalog in Übereinstimmung mit Kunden

Neu im Zusammenhang mit der Verkaufsprozessanalyse ist es allerdings, diese Erkenntnisse hinsichtlich des Wertschöpfungsprozessses umzusetzen. Dabei ist das Ziel, unsere Argumentationsschiene hinsichtlich der Ziele, Metriken, Strategien und Themen in Übereinstimmung mit der des Kunden zu bringen. Das „passende" Modell in einer perfekten Passform zum Wertsystem des Kunden, in allen Facetten, garantiert einen steten Prozess der Wertschöpfung in der Interaktion mit dem Kunden.

Die Entwicklung dieser Wertesysteme hat einen großen Stellenwert in der Erarbeitung in der Gruppe. Die Gruppenteilnehmer verstehen das selbst entwickelte

Bild besser und sind auch besser in der Lage, dieses praktisch im Gespräch und in den ihren Aktivitäten umzusetzen.

Eine systematische Erarbeitung dieses Wertkataloges ermöglicht eine Wissensdatenbank, die damit auch die Wissensbasis mit dem Marketing verlinken kann und damit die Integration der Marketingaktivitäten sicherstellt.

8.3 Gestaltung/Struktur einer VKPA

Nun kommt es zum spannendsten Teil, der Umsetzung in die Praxis. Einige Grundregeln sind dringendst zu beachten.

Die Durchführung der VKPA ist kein kurzfristiges Training, sie ist ganz klar ein Arbeitsprogramm im Workshopformat. In diesen Workshops werden Informationen entwickelt und Werkzeuge gebaut, die die Produktivität der Vertriebs- und Marketingabteilungen steigern werden. Aus meiner Erfahrung als externer als auch interner Berater könnte man zwar für manche Situationen dem externen Berater den Vorzug geben, aber die Herkunft des Beraters ist nicht erfolgskritisch. Entscheidend ist, dass die Person über fundierte Kenntnisse als Moderator und Change Manager verfügt und Erfahrungen im Pharmamarketing und Vertrieb besitzt. Für die Durchführung einer VKPA in einer Business Unit mit etwa 100 bis 130 Außendienstmitarbeitern ist bei sorgfältiger Vorgangsweise ein Zeitraum von 12 Monaten anzusetzen. Der Moderator oder Facilitator ist zumindest für die Hälfte des Zeitraums zeitlich Full-time gebunden. Andere Aufgaben können nur sehr rudimentär wahrgenommen werden. Die notwendige Freistellung erleichtert natürlich auch die Moderatorentätigkeit.

Vieles wurde schon erforscht und beschrieben, wie ein Veränderungsprozess durchzuführen ist. Ein Top-Down-Approach mit engagierter Unterstützung durch die Unternehmensleitung ist für die Basisentscheidung, diese VKPA durchzuarbeiten, absolut notwendig. In vielen Gesprächen mit verantwortlichen in Pharmaunternehmen habe ich auch heute den Eindruck, dass aufgrund der Umgebungsbedingungen die Bereitschaft sehr groß ist, derartige Prozesse zu initiieren. Vor zehn Jahren war die Meinung grundlegend anders. Das Prinzip der Büffelherde war Basiselement der Unternehmensstrategie.

Das Bottom-up Prinzip ist in dieser VKPA elementarer Bestandteil der Wissensfindung, das durch die verbindlichen Prozessstrukturen und Projektvereinbarungen zum ersehnten Ergebnis führt.

Die zwischen Marketing und Vertrieb liegenden unterschiedlichen Betrachtungsweisen sind unbedingt zu integrieren und Entscheider aus beiden Bereichen sind wichtige Teilnehmer. Damit ist sichergestellt, dass die notwendigen begleitenden Maßnahmen synchron mit der Anforderung aufgesetzt werden und bereits während der VKPA erste Lernerfahrungen gemacht werden können.

Die organisatorische Vorbereitung der bereits erwähnten Backoffice Struktur empfiehlt sich schon vor dem Start. Sie kann zunächst als virtuelles Projektteam geplant werden, mit der Option, im weiteren Verlauf eine Institutionalisierung einzuleiten.

Obwohl meine Erfahrungen mit dem Erfolg dieser VKPA großartig sind, sind die Durchführung und die Teilnahme eine sehr anstrengende Angelegenheit. Verkäufer haben zumeist Schwierigkeiten, ins Prozessdenken hineinzufinden, und die betonte Konzentration auf die Metriken ist nicht die Gustostückchen im Leben eines Außendienstmitarbeiters.

Dies sollte den Teilnehmern klar gemacht werden. Es sind anstrengende und „hirnverwindende" Kraftakte notwendig, um die VKPA zu einem erfolgreichen kontinuierlichen Verbesserungsprozess zu entwickeln.

Feedbacksitzungen – Integration aller Ebenen

Als Moderator ist es die wichtigste Aufgabe, die VKPA beständig in die vorgegebene Richtung zu bringen. Dabei ist es auch von Bedeutung, den Status quo zu bestimmen, zu diskutieren und im Unternehmen als Ausgangspunkt festzumachen. Dazu sind die Metriken in Form von Produktivitätskennzahlen entsprechend zu etablieren. Immer noch sind dazu in vielen Unternehmen heute nicht ausreichend Daten vorhanden. Nichtsdestotrotz kann das Projekt nicht beginnen, wenn nicht die Ausgangssituation entsprechend festgemacht ist.

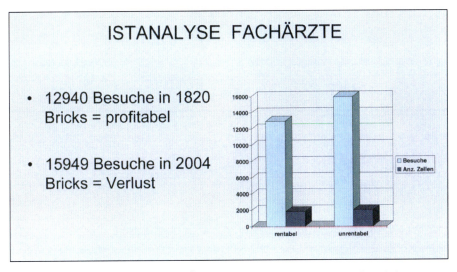

Abb. 32: Vergleich Besuchsdaten, Ärzteklassifikation und Umsätze auf Brickebene, FA

Einige Unternehmen sind heute schon in der glücklichen Lage, über ein analytisches CRM System zu verfügen, das die hier im Anschluss gezeigten Zahlen im Handumdrehen produzieren kann. Je besser diese Ausgangssituation in Form von Metriken dargestellt werden kann, desto verständlicher wird die zugrunde liegende Philosophie zu transportieren sein.

Trotzdem sollten die Ausgangsanalysen nicht zu einem zu komplexen Block verdichtet werden. In der Einfachheit liegt sehr oft ein Mehrwert.

Beispielhaft zeige ich hier, wie neben vielen anderen Daten das Wesentliche herauszu-arbeiten ist. Der nachstehende Vergleich lässt sich anhand von Besuchsdaten, Ärzte-klassifikation und Umsätzen auf Brickebene zusammentragen und berechnen.
Der hier geschilderte Beispielfall ist an die praktische Situation in einem typi-schen Pharmaunternehmen angelehnt:

Aus einer Statistik geht hervor, dass in der Facharztgruppe 55 % aller Besuche in Verkaufsbricks passierten, deren Umsätze unter den Kosten für Besuche lagen (Annahme für die Kosten von Besuchen = 150,- Euro).

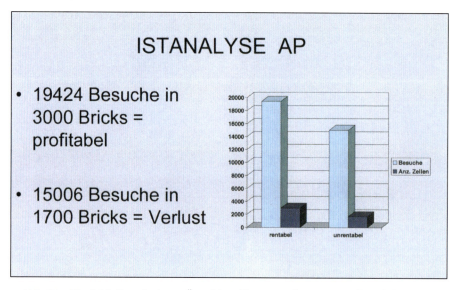

Abb. 33: Vergleich Besuchsdaten, Ärzteklassifikation und Umsätze auf Brickebene, AP

Etwas besser stellte sich die Situation in der Gruppe der Allgemeinpraktiker und Internisten dar. Hier befinden sich „nur" 44 % der Besuche in der Verlustzone. Diese Daten und eine Reihe von spezifischen Informationen dienen im Vorfeld des Projekts zur „Meinungsbildung". Natürlich werden diese Daten mit Benchmarks aus dem Mitbewerb ergänzt (in den einleitenden Kapiteln dargestellt). Einerseits hilft diese Argumentation dazu, einen gewissen Sinn für die Dringlichkeit zu we-cken, andererseits, und das ist der viel wichtigere Punkt, kann damit das Potential aufgezeigt werden, wenn Effizienz- und Effektivitätssteigerungen greifen.

Das kann an diesem Beispiel ganz gut nachvollzogen werden:
Insgesamt passierten in dem Zeitraum von sechs Monaten 30.955 Besuche, die nicht rentabel waren. „Unrentabel" bedeutet, dass die Kosten höher waren als der daraus resultierende Profit. Die Summe beträgt 4,6 Mio. € an Besuchskosten, die hier nicht effektiv eingesetzt wurden. Jede Verbesserung durch die Optimierungsmöglichkeiten der Verkaufsprozessanalyse wirkt hier direkt auf die Ertragskurve!

Hier sollte schon nicht übersehen werden, das Projekt als Veränderungsprojekt zu positionieren. Veränderungsprojekte unterscheiden sich ganz entscheidend zu anderen Projekten, indem sie mit einer „Entlernphase" einhergehen müssen. Die Verhaltensmuster, die in der Vergangenheit zum vermeintlichen Erfolg beitrugen, haben wenig Relevanz in der Verkaufsprozessanalyse, mehr noch: Deren Relevanz wird unter einem neuen Blickwinkel etabliert.

Der zweite wichtige Faktor ist die mentale Komponente. Es müssen Möglichkeiten geschaffen werden, die Angst zu reduzieren. Indem abgesicherte erfolgreiche Verhaltensmuster dokumentiert und greifbar gemacht werden, schaffe ich eine Hoffnung auf Belohnung durch bessere Ergebnisse. Dazu bietet die Verkaufsprozessanalyse auch einen erkennbaren Rahmen mit klaren Regeln, die das individuelle Verhalten abstützen können.

In dieser Vorphase des Entscheidungsvorganges der VKPA gab es viele Gespräche mit Skeptikern. Deren Hauptargument war, dass bereits viele Maßnahmen ergriffen werden, um die Produktivität der Besuche zu erhöhen. Deren Argumentation ging natürlich an den entscheidenden Kriterien für erfolgreiche Prozesse glattweg vorbei. Die VKPA dokumentiert die erfolgreichen Strategien sowie die Produktivitätssteigerung hinsichtlich Vorgangsweise und Metriken in klaren, für alle verständlichen Dokumenten.
   Der Ausgangspunkt wird definiert und an Messgrößen festgemacht. Nach definierten Perioden werden die Resultate überprüft und die Aktivitäten entsprechend bewertet und Verbesserungsmöglichkeiten evaluiert. Nur diese systematische Vorgangsweise führt zum Ziel.
   Die Erfolgsrezepte existieren ja immer! Aber leider nur in den Köpfen weniger. Die Umsetzung ist damit unmöglich gemacht. Hier verhält es sich ebenso wie

bei den klassischen Tourenplanungen des Außendienstes. Die Standardantwort lautet, man hat das im Kopf. Tatsächlich kann kaum jemand dieses Kopfversteck je lüften, geschweige denn anderen zunutze machen.

Im Folgenden werden die sechs Schritte dargestellt, die sich bei meiner praktischen Arbeit als sehr erfolgreich herauskristallisiert haben. Ein mitentscheidender Faktor bei der Planung des Layouts des Prozesses ist natürlich auch die Größe des Teams mit Außendienst und Marketing. Die von mir eingesetzten technischen Unterstützungen erlauben Gruppengrößen von bis zu 20 Teilnehmern. Bei einem Verzicht auf diese Workshop Werkzeuge sollte die Teilnehmerzahl 12 nicht überschreiten.

Die kleineren Etappen sind ein wichtiger Erfolgsfaktor. Das Messen von kleinen Schritten ist leichter, die Änderungserfahrung wird erträglicher und die tatsächliche individuelle Entwicklungsgeschwindigkeit ist damit flexibler. Zur Übersicht dient folgendes Schema:

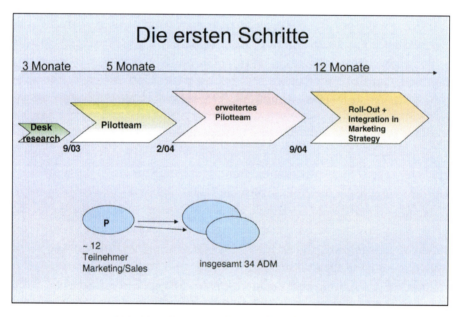

Abb. 34: Die ersten Schritte – Ablaufdiagramm

Hier ist auch noch eine Möglichkeit der Risikominimierung aufgezeigt. Sie ist dann angebracht, wenn das Unternehmen lediglich seine internen Möglichkeiten nutzen möchte, um diesen Prozess durchzuführen. Die erweiterte Pilotgruppe, besteht in einer Ergänzung mit zwei oder drei Regionen, bei denen der Regionalleiter vom firmeninternen Moderator unterstützt wird. Der Vorteil dieser Konstellation besteht darin, dass der elitäre Charakter der Pilotgruppe hinsichtlich der Praktikabilität mittels einer „Normalgruppe" überprüft wird und damit noch einmal eine Korrekturmöglichkeit eingearbeitet wird.

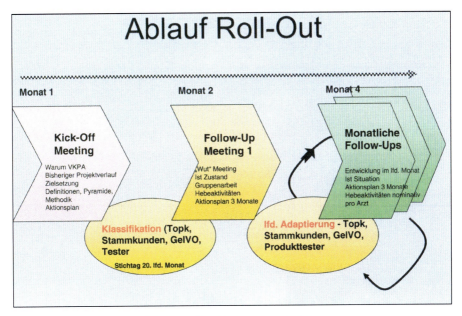

Abb. 35: Ablaufdiagramm – Roll-Out

Der Ablauf der Roll-Outphase ist besonders präzise zu planen. Aus der Abbildung wird ersichtlich, dass der Zeitablauf jeweils in einem vierwöchigen Rhythmus stattfindet. Der Grund dafür ist die üblicherweise monatlich vorliegende Verkaufsstatistik, sei es Nanobricks oder Mikrobrickebene. Deshalb gilt hier auch ein Stichtag. Dieser Stichtag dient zu einem „Einfrieren" der vorgenommenen Umstufungen der Kunden. Anhand der neuen Umsatzziffern können ja Aufstiege oder Abstiege erkannt werden. Die Anzahl der auf den einzelnen Stufen stehenden Ärzte wird dann festgehalten. Im Vergleich mit den Vorperioden lässt sich damit auch eine Entwicklung darstellen. Nachdem der Prozess von allen Teilnehmern verstanden wurde, wird diese Vorgangsweise routinemäßig als Follow-up Sitzung regelmäßig, empfehlenswerter weise monatlich weitergeführt. Dabei kann diese Verkaufsprozessanalyse Teil eines regelmäßigen regionalen Meetings werden.

Der Übergang der Projektphase in die routinemäßige Organisation im Rahmen von Gruppentreffen ist auf der rechten Seite der Abbildung gut ersichtlich.

Als zugrunde liegendes Muster sollte ein Schema verfolgt werden, das die beste Voraussetzung dafür schafft, dass Veränderung passiert.

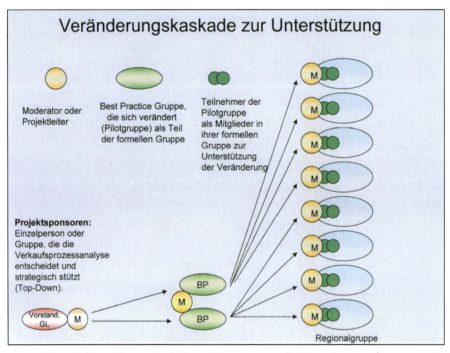

Abb. 36: Veränderungskaskade zur Unterstützung des Veränderungsprozesses

Nichts Neues ist diese Art der Organisation. Erfolgreiche Religionsgruppen setzen den kaskadenartigen Ablauf gerne ein. Das Missionarswesen im frühen Mittelalter hatte schon die gleichen Grundstrukturen und schaffte seine Positionierung als Vorreiter und Träger der gesamten abendländischen Kultur mit großem Erfolg. Der heutzutage in gesetzlicher Grauzone arbeitende

Strukturvertrieb bedient sich gleicher Prinzipien, die auch als Schneeballsystem bekannt sind.

Projektsponsoren sind die Repräsentanten des Vorstandes oder der Geschäftsleitungen, die die grundlegenden Entscheidungen vertreten und strategisch stützen. Der Moderator als interner oder externer Berater ist der mit der Projektleitung beauftragte Experte für die Durchführung der Verkaufsprozessanalyse. Er vereinigt in seiner Rolle auch die des Delegierten der Geschäftsleitung. Je nach Anzahl der Regionalgruppen werden aus den Besten der Regionalgruppen die Pilotgruppen gebildet. Damit sind diese Pilotgruppen gleichzeitig Best Practices Gruppen.

Das Ineinandergreifen der Pilotgruppe mit der Roll-Outgruppe erleichtert die Übernahme der „neuen" Abläufe und Prozesse. Während der Pilotphase federt deren Zugehörigkeit zur „normalen" Gruppe die Gerüchte, Vorbehalte und Zweifel ab. Sie sind ja Teil der „elitären" Gruppe, die auch an sich selbst den Veränderungsprozess praktiziert.

Je nach Größenverhältnissen ist diese Struktur anzupassen. Das Grundprinzip bleibt bestehen, es sollte keine Gruppe im Roll-Out starten, ohne in irgendeiner Form Mitglieder zu haben, die nicht bei diesem Prozess mitgemacht haben.

Dabei ist eine Tatsache ausgesprochen hilfreich. Die Aktivitäten der Best Practices Gruppe werden durch die Methodik und Visualisierung innerhalb der Best Practices Gruppe transparent. Die Mitarbeiter beginnen ziemlich rasch mit der Anpassung ihrer eigenen Strategie an die Erkenntnisse in den Gruppendiskussionen. Damit werden Faktoren ausgeschlossen, die nicht unterstützend für die Erfolge waren – es wird von den anderen kopiert. Aber nur das, was sich als erfolgreich herausstellt. Damit werden Erfolge im Feld geschaffen, die in der schnellen Umsetzung auch nach zwei bis drei Monaten durch Zahlen ersichtlich werden. Diese „schnellen" Erfolge bestätigen nicht nur die Arbeitsgruppe, sondern wirken auch als richtungsweisendes Signal. Es zeigt auch nach außen: Wir sind auf dem richtigen Weg. Diese Signalwirkung gibt einen wichtigen Antrieb für alle weiteren Tätigkeiten.

Ein Beispiel ist für mich dabei noch sehr präsent. Einer der erfolgreichsten Außendienstmitarbeiter hatte eine ziemlich große Anzahl von Ärzten in der Gruppe der Produkttester – es waren über 150! Seine Besuchszahl lag auch erheblich über der des Durchschnitts. Auch Samstagvormittag besuchte er die Arztpraxen. Der Erfolg gab ihm Recht. Im Vergleich in der Best Practices Gruppe fiel ihm auf, dass ein Kollege mit weitaus weniger Anstrengung den gleichen Effekt erzielte. In der Simulation konnte man auch klar sehen, dass die Entwicklungen, die er auf der unteren Ebene in Gang setzte, tatsächlich seine Kapazität bei weitem überschritt, sodass er den Aufwärtsfluss der Ärzte in der nächsten Prozessstufe gar nicht mehr im notwendigen Ausmaß unterstützen konnte. Vergleichbar mit einer Fließbandarbeit, bei der an einer Stelle ein Flaschenhals ist und sich die Halbfertigprodukte förmlich stauen und nicht im Rhythmus weiterfließen. Die Simulation hat diese Situation wunderbar visualisiert. Eine ausgewogenere Verteilung der Aktivitäten auf die verschiedenen Prozessstufen hat einen noch besseren Wirkungsgrad bewirkt, sogar mit einer Reduktion der Besuchsfrequenz. Es ist gut nachvollziehbar, dass dieser Mitarbeiter mit Feuer und Flamme hinter der Methodik stand und einer der besten Change Agents in diesem Projekt war.

Diese „kleine" Ursache mit großer Wirkung ist der typische Effekt, den eine prozessorientierte Vorgangsweise produziert. Und diese für die Strategen ja als klein betrachteten Aktivitäten und Korrekturen in der Vorgangsweise sind es, die in einem Multiplikatoreffekt dem ganzen Vertriebsapparat zu mehr Schwung und Schlagkraft verhelfen. Dies ist auch die Feststellung, die schon im Kapitel „Operationelle Innovation" erwähnt wurde. Damit ist nicht nur ein kurzfristiger Sprung nach oben zu realisieren, sondern auch in Beziehung auf Dauerhaftigkeit eine verbesserte Produktivitätsbasis erreichbar.

8.4.1 ORGANISATION DER PILOTGRUPPE

In den einleitenden Kapiteln wurde dieses Thema schon behandelt. Insbesondere verweise ich auf das Element der „Best Practices", das hier vorgibt, die Elite des Außendienstes bevorzugt auszuwählen. In einem meiner Projekte wurde diese Elitegruppe mit einzelnen Teilnehmern ergänzt, die in anderen Positionen bereits Hochperformer waren und neu in einer Außendienstposition begannen. Die „Entlernsituation" entfällt bei diesem Profil, was auch der Gruppe für die Diskussionen interessante Facetten bieten kann. In den klassisch organisierten Pharmaunternehmen, die nach Business Units organisiert sind, sollten ein oder mehrere Vertreter von Marketing und Medizinisch-Wissenschaftlichen Abteilungen integriert werden. Mehrere hierarchische Ebenen können bedenkenlos aufgenommen werden, wenn zumindest in der Modellentwicklungsphase ein Meetingtool eingesetzt wird, bei dem die Beiträge anonymisiert werden. Damit ist bereits am Beginn, wo die Vertrauensschwelle noch relativ hoch liegt, eine rege und bunte Vielfalt an Beiträgen gesichert. Bei klassischen Meetingmethoden sollte man darauf achten, dass ein hohes Vertrauen zwischen Moderator und den Teilnehmern besteht. Kann dies nicht garantiert werden, muss unbedingt auf Kleingruppenarbeiten übergegangen werden, da die wichtigen Beiträge sonst nicht eingebracht werden.

Auch bei den Teilnehmern aus den anderen Organisationsbereichen ist eine gewisse Vorauswahl durchaus angeraten.

8.4.2 INITIAL WORKSHOP MIT PILOTGRUPPE

Die Vorbereitungen sind gelaufen, die Geschäftsleitung hat entsprechende Unterstützungssignale gesetzt, nun kann die Initial-Sitzung beginnen.

In der Initialen Arbeitssitzung sind neun Themenbereiche zu behandeln:
- Problemstellung – Warum VKPA?
- Zielsetzung/Rollenverständnis d. Teilnehmer
- Prozessdenken/Mehrwert
- Struktur des Verkaufsprozesses/Modellierung
- Aktivitäten in den Phasen
- Instrumente und Instrumente-Mix
- Geschäftsmodell mit Metriken
- Maßnahmenplan CRM/CI
- Kommunikation innerhalb des Unternehmens

Die Details der einzelnen Punkte sind wie folgt anzusetzen:

Problemstellung – Warum VKPA?
Die Einführung besteht in einem Erläutern des Entscheidungsprozesses, der die Geschäftsleitung bewogen hat, Geld und Energie in eine VKPA zu stecken. Damit wird auch die Ausgangssituation geschildert und als erste Metrik installiert.

Hier erfolgt bereits die erste Verknüpfung mit einer „Idee" zu systemtheoretischen Ansätzen: Die Aufgabe besteht darin, folgende Schritte zu erreichen:

Abb. 37:   Schlüsselzahlen zum Messen des zu erwartenden Erfolges

Diese einfache Fragestellung kann auch mittels eines Flussdiagramms prozessgerecht dargestellt werden. Hier kann man schon einmal einen Vorgeschmack auf die VKPA erleben, denn diese Aufgabe, auf eine Anzahl von 200 oder gar 400 zu besuchenden Ärzten hochgerechnet, mit Berücksichtigung des Faktors Zeit, erreicht eine wissenschaftliche Dimension.

Bei der folgenden Abbildung sind diese Fragestellungen an den Flüssen – jeweils mit „Ja" oder „Nein" oder „weiß nicht" beschrieben anzufügen. Beim Besuch von Verordnern stellt sich die Frage: Weitet er seine Verordnungen aus? Wenn ja in welchem Ausmaß? An diesem Knoten könnte ich diese Information einfügen und bei jedem Besuch diese Daten festhalten. Am Ende meines Besuchstages wären dann die Gewinne oder Verluste verzeichnet. Entsprechend diesen Resultaten sollte ich jetzt meine weiteren Besuche planen. Klingt ziemlich kompliziert? Es ist aber die Realität!

Trauen Sie allen Ihren Außendienstmitarbeitern die Lösung dieser komplexen Aufgabe zu?

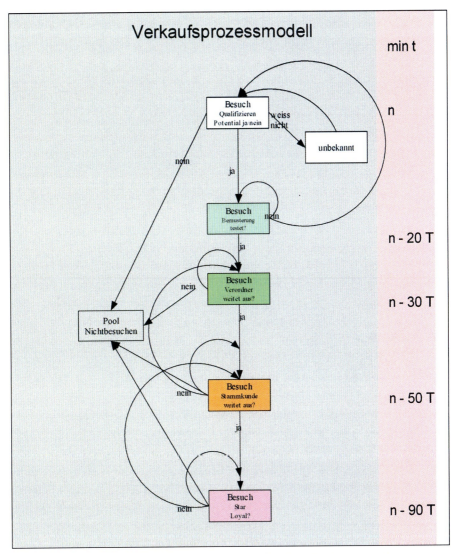

Abb. 38: Flussdiagramm – Entscheidungen durch Außendienstmitarbeiter

Und das ist die Aufgabe, die seit Jahren den Außendienstmitarbeitern vorgelegt wird und von der erwartet wird, dass sie jeder lösen kann. Hier liegt schon das Dilemma von 50 Jahren Pharmavertrieb auf der Hand. Können wir allen Ernstes annehmen, dass ohne Bereitstellung von leicht anwendbaren, mathematischen Modellen oder anderen Planungshilfen diese Aufgabe gelöst wird, in befriedigender und produktiver Form?

Unvorstellbar ist es, dass Intuition zur Lösung dieser Aufgabe reicht. Liegt darin der große Beharrungseffekt, den wir alle kennen. Des nahezu unüberwindbaren Dogmas der etablierten „Touren"?

Zyniker könnten sagen: Aber wir haben ja eine Lösung gefunden. Wir nehmen die Besuchsfrequenz als Maß und verlangen acht oder neun oder mehr Besuche pro Tag. Damit haben wir die Gewissheit, dass etwas „draußen" geschieht, und können auch unsere Firmenzentralen mit mitbewerbskonformen Zahlen beruhigen.

Zielsetzung/Rollenverständnis der Teilnehmer

Die Zielsetzung ergibt sich aus dem Entscheidungsprozess und ist allen Teilnehmern klar zu machen. Unter dem Thema Effizienz- und Effektivitätssteigerung von Außendienst und Marketing geht es darum, die bereits diskutierten Produktivitätsprobleme (die vier Schwundarten) zu überwinden und über die neue Dimension Verkaufsprozess mit verbesserten Abläufen zu lösen. Die einfache Darstellung, der aktuellen Situation im Vertrieb, die auch für das Management die Notwendigkeit begründet hat, produktivitätssteigernde Aktivitäten zu setzen, ist gleich zu Beginn zu erläutern.

Die Darstellung der Unterschiede zwischen einer prozessorientierten Vorgangsweise und einer klassischen abteilungsbezogenen Vorgangsweise ist den Teilnehmern verständlich zu machen. Dies ist sicher eine der schwierigsten Aufgaben. Im Kapitel 4 wurde darauf näher eingegangen. Es ist dabei sicherzustellen, dass das Bewusstsein entsteht, es handelt sich nicht um eine neuartige Managementmasche, sondern die Prozesse sind bereits existent. Auch die bisherigen Marketing- und Vertriebsaktivitäten haben zugrunde liegende Prozesse. Der Unterschied besteht lediglich darin, dass sie bisher nicht betrachtet wurden. Daher konnten sie auch nicht optimiert werden. Indem man diese Dimension der Aktivitäten öffnet, erschließt sich auch ein weites Feld an Verbesserungsmöglichkeiten.

Ziel ist, die Verkaufsprozesse darzustellen und zu analysieren, sie nach ihrem Anteil an dem Mehrwert (aus Kundensicht) zu bewerten und die Prozesse dabei zu optimieren, indem die Verbesserungsmöglichkeiten umgesetzt werden.

Im Rahmen des Pilotprojektes ist darauf zu achten, Bedingungen zu schaffen, die eine lernende Organisation ermöglichen. Dazu sind die Ausführungen im Kapitel 6.3 gedacht. Am Ende dieses Lernprozesses in der Best Practices Gruppe, werden die Pilotgruppenmitglieder die Rolle von Team Coaches oder Veränderungsermöglicher bei der generellen Einführung übernehmen.

Prozessdenken/Mehrwert

Die heute maßgeblichen Erkenntnisse aus Vertrieb und Marketing in Form von vernetzten Marketingorganisationen (Konvergenzmarketing) und Cross-Channel Marketing werden in praktischen Anwendungen überprüft und entsprechend ihrem Stellenwert in Aktionsplänen berücksichtigt.

Erklärungen zu modernen Marketingmethoden mit anschaulichen Beispielen helfen bei Situationen, die ein „Steckenbleiben" indizieren. Die Konfrontation mit neuartigen – hirnverschlingend wirkenden Ideen, deren Vorzüge darin bestehen, in der praktischen Realisierung auch unerhört erfolgreich zu sein, erleichtert die Annahme von ungewohnten Denkprozessen. Auch habe ich immer Beispiele aus meiner Erfahrung zu Verkaufsprozessen mit eingefügt und eine Auswahl von verschiedenen gedanklichen Konzepten angeboten. Das parallele Angebot, aus den neuen Marketingkonzepten Lehren zu ziehen und die Übertragbarkeit zu überlegen, erleichtert die notwendigen Ideenfindungen in Bezug auf Kampagnenmanagement und Leadgeneration.

Struktur des Verkaufsprozesses/Modellierung

In vielen einschlägigen Abhandlungen und Publikationen erscheinen zwei grundlegende Modelle:
> Der Verkaufstrichter
> Die Verkaufspyramide

Der Verkaufstrichter ist das klassische Modell im B-to-B Bereich.

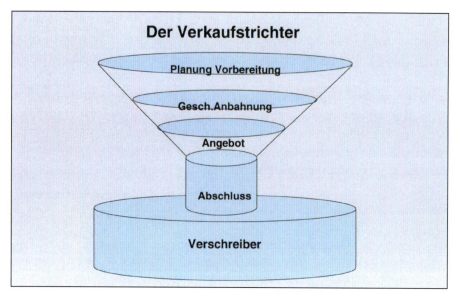

Abb. 39:   Der Verkaufstrichter

Die mit den verschiedenen Marketingkanälen angesprochenen prospektiven Kunden gehen zunächst einmal in den obersten Bereich des Trichters. Die Tätigkeit ist Planung und Vorbereitung, womit die Qualifikation der Prospects bezeichnet ist. Man könnte sie auch als Zielgruppe oder Zielsegment bezeichnen. Die zweite Stufe ist die Geschäftsanbahnung. Erstbesuche erlauben die persönliche Kontaktaufnahme und meistens gleichzeitig die Bedarfserhebung. In der nächsten Stufe geht es um die Vorlage eines individualisierten (auf die Bedürfnisse abgestimmten) Angebots. Ziel und Hoffnung zugleich für einen nächsten Besuch ist der Abschluss oder die Verordnung. Differenzierter ist das Modell für das Pharmageschäft zu sehen, da ja eine Verordnung noch keinen Topkunden definiert. Die darunter liegende Tonne ist daher noch in mehreren Stufen zu sehen. Zum Beispiel Produkttester, Kunde, Stammkunde und Topkunde.

In den verschiedenen Projektmeetings wurde ausnahmslos die modifizierte Form des Kundensegmentierungsmodells von Rapp Collins (Maximarketing, 1987, und The Great Marketing Turnaround, 1990) in Form der Pyramide übernommen. Der Hauptgrund dafür war, dass ja im Pharmabereich ein kontinuierliches Betreuen erfolgt. Auch hat mental der nach unten gerichtete Prozess einen gewissen negativen Beigeschmack.

Hier ein Beispiel der Verkaufspyramide:

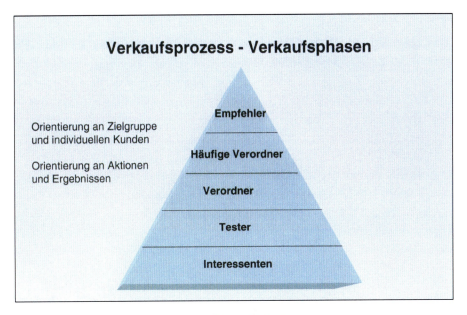

Abb. 40:   Beispiel einer Verkaufspyramide

Dieses Beispiel dient auch einer eindrucksvollen Veranschaulichung der Methodik der Produktivitätssteigerung. Der Verkaufserfolg ergibt sich aus einem kontinuierlichen Aufwärtsfluss der Ärzte, die sich in den einzelnen Stufen oder Phasen befinden. Die Grundtendenz einer „erfolgreichen Pyramide" besteht damit darin, dass insbesondere die drei oberen Stufen über einen längeren Zeitraum Zuwächse aufweisen. Nicht zu verhindern sind natürlich auch Verluste oder Abwärtsbewegungen, die sich als natürliche Abgänge (z.B. Schließen einer Praxis wegen Ruhestand), aber auch infolge von Konkurrenzaktivitäten ergeben.

Diese gesamte Pyramide stellt sich am Beginn einer VKPA als „Black Box" dar. Es weiß niemand genau, wie die Bewegungen nach oben und nach unten oder auch hinaus sich darstellen. Verständlich ist daher die allgemein geübte Praxis, auf der unteren Ebene so viel wie möglich hineinzubringen, in der Hoffnung, dass sich das positiv auf die Entwicklung nach oben, aber auch in den Umsätzen niederschlägt.

Eine weitaus intelligentere Vorgangsweise ergibt sich aus der VKPA. Hier wird versucht, die Entwicklungen in den einzelnen Phasen sichtbar zu machen. Dazu sind die Metriken notwendig. Gleichzeitig soll erreicht werden, dass ich lerne, wie viele in welchem Zeitraum aufsteigen, in der Phase bleiben, aussteigen oder absteigen. Wenn es gelingt, diese Dynamik besser und besser zu verstehen und zu messen, ergibt sich das „ideale" System. Anhand der gelernten Dynamik kann die Menge, die ich in dem unteren Bereich der Pyramide benötige, um x Umsatz zu erzielen, mit einer gewissen Wahrscheinlichkeit definiert werden. So ersetzen handfeste, dokumentierte Erfahrungswerte das einem Blindflug ähnliche „Black Box" Denken. Im Sinne der am Beginn des Buches erörterten Umgebungsbedingungen können damit 90 % der Gießkannenaktivitäten eingestellt werden.

Die folgende Abbildung stellt die Frage nach der Optimierung (hier am Beispiel des Trichters) dar. Damit habe ich ein Grundprinzip der Metriken erreicht. Wenn meine Metriken einigermaßen stimmen, dann kann ich eine wirtschaftliche Überlegung zum Mitteleinsatz anstellen, die große Kostenverluste von vornherein ausschließt.

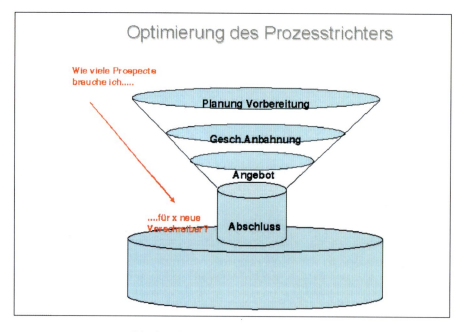

Abb. 41: Optimierung des Prozesstrichters

Anstelle mich zu bemühen, die maximale Anzahl an z.B. Besuchen oben in den Trichter hineinzustecken, weiß ich von den gelernten Erfahrungen und Metriken, wie viel ich brauche um z. B. 10 % Umsatzsteigerung zu erreichen. Dann kann ich mir überlegen, mit welchen Kanälen diese potentiellen Kunden am besten bedient werden.

Bei diesem Programmpunkt werden dann in Diskussionen und Ideensammlungen die für die Pilotgruppe relevanten Modelle dargestellt und erörtert. Dann wird Einigung dahingehend erzielt, ein einheitliches, für alle gültiges Verkaufsprozessmodell zu verabschieden. Dieses Modell ist dann für alle weiteren Gruppenarbeiten fixiert.

Aktivitäten in den Phasen
Sehr hilfreich war es, die noch sehr theoretischen Modelle mit Leben auszufüllen, indem breiter Raum der Entwicklung von Aktivitäten, die zu den jeweiligen Phasen passen, diskutiert und definiert wurden. Hier liegt vor allen Dingen der Nutzen für das Marketing. Es ist bei dieser Vorgangsweise ein logischer Schluss zu spezifischen Aktivitäten gegeben. Tief greifende Therapieerklärungen sind in den unteren Bereichen der Pyramide anzusiedeln. Loyalitätsbildende Maßnahmen wie Einladungen zu Konsensus Veranstaltungen betreffen eher die regelmäßigen Verordner. Gruppenarbeiten helfen hier dem gegenseitigen Lernprozess bei den Teilnehmern. Als Moderator kann man damit auch den Fortgang des Prozessdenkens beobachten und entsprechende Abweichungen durch Eingreifen korrigieren. Aus dieser Aktivitäten-Diskussion, die heute ja gezeichnet ist von den Restriktionen, die der Verhaltenskodex (spez. im Pharmabereich) auferlegt, ist auch schon zu erahnen, wo Marketing die Schwerpunkte der zukünftigen Arbeit – prozessbegleitend – legen sollte. Das führt zum folgenden Thema:

Instrumente und Instrumente-Mix
Hier sind die Marketingteilnehmer gefordert, entsprechend ihren Möglichkeiten die Schatzkiste zu öffnen und ihre Angebote für die einzelnen Prozessstufen auszubreiten. In den von mir beobachteten Diskussionen haben sich hier viele Debatten entwickelt, die fruchtbringend auf die zukünftige Gestaltung des Instrumenten-Mix Auswirkungen hatten. Es wurde mit einem Mal sehr klar, welche Instrumente welchen Phasen zugeordnet werden müssen. Der gemeinsame

Lernprozess bewirkte dabei auch eine gegenseitige Befruchtung und vor allen Dingen das Verstehen und damit das Dahinterstehen bei den durchzuführenden Maßnahmen.

Geschäftsmodell und Metriken

Die Gestaltung des von der Gruppe selbst entwickelten, eigenen Modells der Pilotgruppe mit den eigenen Informationen hinsichtlich der Dynamik – den Metriken – nimmt wohl den breitesten Raum dieses ersten Meetings ein. Wert habe ich immer darauf gelegt, dass die Nomenklatur aus der Gruppe entwickelt wurde und damit dem eigenen Jargon entstammt. Damit erreicht man schon in der Anfangsphase eine hohe Identifizierung mit dem Modell und erleichtert die Betrachtungsweise, hier ein eigenes VKP Modell gebaut zu haben.

Der entscheidendste Schritt ist hier der Übergang von der ziemlich theoretischen Modellkonstruktion, die noch immer unterschiedlich in den einzelnen Teilnehmerköpfen erlebt wird, zu einem gemeinsamen Modell, einer gemeinsamen Metapher. Wie in dem Adler Büffel Beispiel dargestellt, ermöglicht so ein Modell erst das wechselseitige Verstehen und Lernen verschiedener Erfahrungen. Dies wurde durch die Anwendung der Simulationsmethodik, wie sie in den Simulationsprogrammen (IThink®, Vensimm® oder Powersim®) möglich ist, erreicht.

Der etwas abstrakt anmutende Aufbau dieser Modelle bewirkt auch noch sehr effektivt, die Definition der notwendigen Metriken. Anhand der eindrucksvollen Visualisierungsmöglichkeiten können die fehlenden „Eckdaten" in dieser Projektphase als Hypothesen aufgenommen werden. In der praktischen Arbeit nach dem Workshop werden die Teilnehmer aufgefordert, diese Annahmen zu überprüfen.

Diese Testphase bringt den Kunden mit ins Spiel. Die Hauptschwierigkeit in der Modellierung von Verkaufsprozessen liegt ja darin, den Kunden nicht integrieren zu können. Er hat ja seine eigenen Prozesse, deren Struktur für uns nicht unbedingt durchschaubar ist. Hier ist jedoch die Pilotgruppe ausreichend sensibilisiert, diese Prozesse zu hinterfragen. Gleichzeitig mit der täglichen Arbeit werden so auch die Überlegungen zu einem regelmäßigen Verordner angestoßen. Wie lange habe ich diesen regelmäßigen Verordner, wie ist er zu diesem Status gekommen (Zeitverlauf, Aktivitäten) und wie sehe ich die Möglichkeiten, ihn in die nächste Stufe zu bringen. Diese qualitativen Fragen werden durch die Messung ergänzt, die mittels der verschiedenen Datenquellen wesentlich zu intensivieren ist. Die Metrik stellt sich a priori sehr einfach dar – der entsprechende Kunde wird anhand von Umsatzkriterien „festgemacht" wie in folgendem Beispiel erläutert:

Bei den Intervallen ist darauf zu achten, dass in der Spitzengruppe höchstens zwischen 3 und 15 Ärzte eingeteilt werden können. Dies ist von Bedeutung um die Top 10 % der Ärzte, die für etwa 60 % des Profits verantwortlich sind, auch optimal zu betreuen. Dies hier nur als Bemerkung. Bei der Anpassung in den weiteren Arbeitssitzungen ist noch Zeit, diese Zahlen entsprechend zu kalibrieren.
Zu dieser Pyramide mit den einzelnen Messgrößen wird anhand des Simulationsmodells eine Metrik der Dynamiken entwickelt, die in dieser Phase ebenfalls als Hypothese aufgenommen wird.

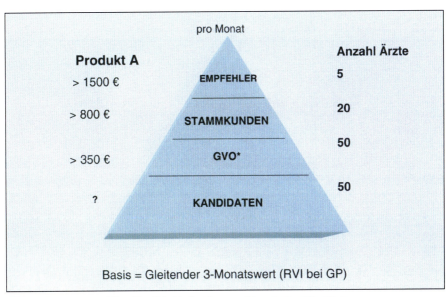

Abb. 42: Die Verkaufspyramide mit den Metriken

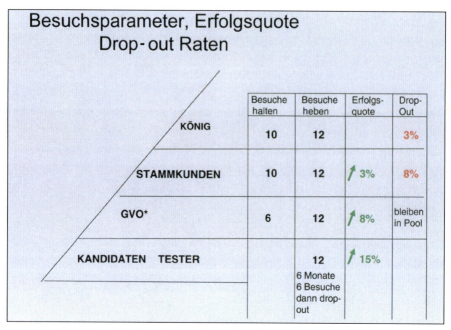

Abb. 43: Die Verkaufspyramide mit Besuchsparameter, Erfolgsquoten
und Drop-Out Raten

Diese Größen werden auch verifiziert mit dem Abschnitt – Aktivitäten in den Phasen – (im vorangegangenen Abschnitt), der dazu diente, das grundlegende Verständnis zu Aktivitäten zu verankern. In diesem Schritt werden die Aktivitäten mit Metriken versehen. Das wichtigste Detail ist hier natürlich die Besuchsaktivität, wie oft und mit welchem geschätzten Wirkungsgrad.

Noch ein paar technische Hinweise seien hier angebracht. In vielen Außendiensten werden mehrere Produkte entsprechend verschiedenen Gewichtungen beworben. Das Ziel sollte immer sein, die Dinge so einfach wie möglich zu halten. Wenn es opportun ist, ein Produkt in den Mittelpunkt zu stellen, weil eventuell die Umsätze der anderen Produkte deutlich geringer sind, dann ist einem Einproduktmodell der Vorzug zu geben. Ein Zweiproduktmodell ist auch noch ganz praktikabel (hier werden die Umsatzgrenzen an den jeweiligen Pyramidenschenkeln vermerkt). Bei drei und mehr Produkten sollte Einigung darüber erzielt werden, diese Verkaufsprozessanalyse zunächst auf die wichtigsten zwei Produkte zu konzentrieren. Die Kombinationsmöglichkeiten werden sonst zu vielfältig und damit das Modell unübersichtlich. Bei den Zielgruppen ist ähnlich zu verfahren. Ich habe mit Erfolg mit einer Facharztpyramide und einer Allgemeinpraktikerpyramide gearbeitet. Auch hier gilt, ein Zuviel an Varianten trübt leicht den Blick für das Wesentliche.

Nachfolgend ein Beispiel eines Simulationsmodells, wie es beim Initial Workshop entstanden ist.

Die Abbildung zeigt im mittleren Teil die einzelnen Stufen – dargestellt wie in der Pyramide mit dem Unterbau „Prospect", dann die Produkttester, die gelegentlichen Verordner, die Stammkunden bis hinauf zu den „Empfehlern". Erkennbar sind so genannte Leitungen (synonym wie Wasserleitungen) mit Ventilen. Diese Regeln die Flüsse von unten nach oben, aber auch von oben nach unten. In diesem Modell sind die Regelgrößen bestimmt durch die Anzahl der Besuche (auf der linken Seite als Parameter definiert). Dies ist sozusagen die technische Seite des Modells. Das Leitungssystem mit den mathematischen Formeln dahinter. Anhand der hier dargestellten Knoten ist gut nachvollziehbar, dass damit die „Echtzeit" Diskussion zu den einzelnen Parametern moderierbar wird. Diese anfangs etwas abstrakte Modellierung erweist sich mit zunehmender Diskussion als sehr wertvolle Hilfe bei der Definition der Prozesse und der entsprechenden Parameter.

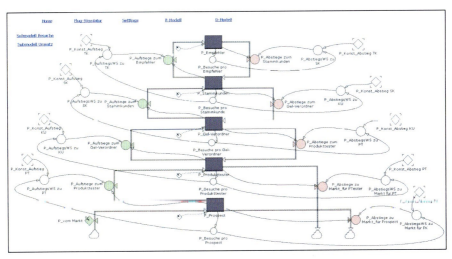

Abb. 44: Beispiel eines Simulationsmodells – Struktur

Bereits beim Initial Workshop konnte in den meisten Fällen begonnen werden, mit Hilfe eines Cockpits oder Business Flight Simulators erste Simulationen mit reellen Zahlen zu unternehmen. Diese Ansicht ist in der nächsten Abbildung ersichtlich:

Die zentrale Grafik stellt die Liniengrafik mit der Entwicklung der einzelnen Kundengruppen dar. Deutlich ist ein starker Abfall der potentiellen Kunden zu sehen. Aufgrund der Besuchstätigkeit wurden diese ja eine Stufe höher gebracht. Im praktischen Einsatz stehen im Modell Schaltflächen zur Verfügung, die die Simulationen ermöglichen. Hier kann eine unterschiedliche Besuchsfrequenz eingestellt werden und anhand der Simulationen herausgefunden werden, wie sich das Ergebnis darstellt, wenn ich auf die eine oder andere Kundengruppe meine Besuche konzentriere.

Interessant war bei diesem konkreten Beispiel, dass die Gesamtanzahl der Ärzte sehr hoch war. Bei der Aufteilung der Besuche entsprechend der monatlichen zur Verfügung stehenden Kapazität (in diesem Beispiel 150 pro Monat) wurde die Kapazität stark überschritten. Die Besuche reichten nicht aus, um den optimalen Erfolg zu erreichen. Die einzige Möglichkeit bestand darin, die Besuche bei den potentiellen Kunden, die Akquisitionsbesuche, zu reduzieren. Das Ergebnis war dann natürlich, dass über längere Zeitperioden der Nachschub von unten „austrocknete". Dies führte dazu, dass Maßnahmen diskutiert wurden, mit welchen anderen Medien diese Akquisitionsphase unterstützt werden konnte. Gleichzeitig reagierten einige Teilnehmer der Pilotgruppe schon im Anschluss an den Workshop mit einer rigorosen Selektion in dieser unteren Phase. Damit konnten rasch kurzfristige Verbesserungen erreicht werden. Klar wurde den Teilnehmern auch, dass die Besuchsplanung ungemein komplizierter ist, als ihnen dies in der Vergangenheit bewusst war.

Für diese Simulation und die verbundenen Diskussionen wurde etwa ein Halbtag zur Verfügung gestellt. Die Diskussionen und Rückschlüsse als Austausch in der Gruppe waren die perfekte Demonstration eines Gruppenlernprozesses.

Maßnahmenplan, CRM/CI
Der letzte Teil des Workshops konzentriert sich auf die Erstellung eines Aktionsplanes für die einzelnen Teilnehmer. Hier wird noch einmal aufgegriffen, was an Hypothesen, Fragen und offenen Punkten in der Arbeitssitzung nicht geklärt

werden konnte. Die Zusammenstellung dieser Liste ist der rote Faden für die Feldarbeit der Teilnehmer. Damit erreichen wir auch das Fokussieren auf den Kunden. Mittels laufender Querüberprüfung werden die Eckwerte angepasst und mögliche falsche Annahmen mit einem Fragezeichen versehen. Äußerst hilfreich hat es sich in den Projekten erwiesen, wenn das ETMS oder CRM System in der Lage war, die Einstufung der Kunden aufzunehmen. Die Eintragung in dieses System erleichtert für die Pilotgruppe die gesamte Arbeit. Hinsichtlich der Daten ist es wichtig, die Mikrobezirks- oder Brickdaten, die in den meisten europäischen Märkten zur Verfügung stehen (z.B. NDC – RVI Daten oder Xponent von IMS), auch entsprechend bereitzustellen.

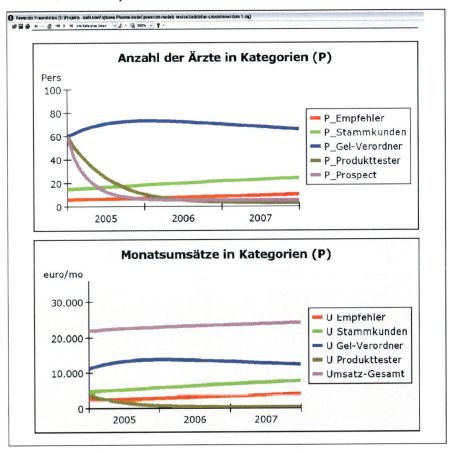

Abb. 45:   Beispiel eines „Flugsimulators"

Der Umgang mit diesen Quellen und das Errechnen der spezifischen Eckwerte für das Modell müssen hierbei sicher hinterfragt werden. Nachdem die Pilotgruppe als Best Practices Gruppe etabliert wurde, waren bei diesen Vorgängen viele Diskussionen und ein lebhafter Austausch, aber keinerlei Probleme aufgetreten.

Zum Abschluss dieses ersten Pilottreffens wurden die Teilnehmer auch noch aufgefordert, aus der „Stimmung" der Arbeitssitzung heraus eine Einschätzung abzugeben, wie viel Ärzte sie in ihren Gebieten in den einzelnen Stufen vorfinden werden. Zwei Punkte werden damit erreicht. Die Teilnehmer werden mental auf die wichtigsten Arbeiten bis zum nächsten Workshop vorbereitet – nämlich das genaue Festhalten der Anzahl in den einzelnen Stufen. Der zweite Punkt ist für den Moderator von Interesse. Das individuelle Einschätzungsvermögen gibt eine Idee vom Fortschritt der Veränderungen in Richtung Prozess. Hohe Fehlschätzungen, die sich dann bei der nächsten Arbeitssitzung verifizieren lassen, zeigen Defizite im Verständnis auf, die durch intensiveres Arbeiten und eine eventuelle „Entschleunigung" bei der Vorgangsweise korrigiert werden müssen.

Kommunikation innerhalb des Unternehmens
Einige Gedanken sind hier anzufügen, die die zukünftige Ausweitung der VKPA im gesamten Unternehmen im Auge haben.

Die Gerüchteküche ist ja besonders aktiv innerhalb der Außendienste. Die Gruppe der „Auserwählten" wird da ja oft nicht direkt angesprochen, um Informationen zu diesem Projekt zu erhalten. Wichtig ist daher, innerhalb des Führungskreises die Informationen zum Fortgang des Projektes zu verteilen. Meetingprotokolle sind dabei sehr hilfreich und bei Einsatz eines effizienten Meetingtools auch leicht herzustellen.

Die besondere Aufmerksamkeit möchte ich dabei auf die Gruppe der regionalen Führungskräfte lenken. Diese sollten ja bei der Gesamtausweitung Führungsrollen übernehmen. In meinen Projekten hat es sich bewährt, bei den regelmäßig stattfindenden Tagungen mit den regionalen Führungskräften den Fortgang zu präsentieren und über die Besonderheiten und Erkenntnisse zu berichten. Wesentlich erleichtert wird damit das spätere „Aufspringen" der Leute auf den dann schon fahrenden Zug.

8.4.3 Auffrischung und Gedankenaustausch Roll-Out

Nach dem für viele Teilnehmer ziemlich „denkschweren" Entlern- und Veränderungsworkshop ist darauf zu achten, dass der Grundtonus bei den Arbeiten nicht von der Tagesarbeit in den Hintergrund gedrängt wird und möglicherweise in die Tiefen des Gedächtnisses versinkt. In meinen Projekten setze ich regelmäßig Webkonferenzen ein. Diese ermöglichen es, für 1 – 2 Stunden Besprechungen mit den in unterschiedlichen geografischen Standpunkten befindlichen Pilotgruppenmitgliedern zu führen. Damit ist eine große Zeitersparnis verbunden. Da man die Teilnehmer ja persönlich gut kennen gelernt hat, ist auch der Gedankenaustausch gut durchzuführen. Damit ein großer Teil der Ärzte zwischen der ersten und der zweiten Arbeitstagung auch besucht werden kann, um die Metriken und Hypothesen ad personam zu überprüfen, sollte der Zeitraum zwischen den Treffen 8 – 10 Wochen betragen. Da kann dann schon mal die grundlegende Philosophie des Prozessdenkens geistig aus dem Fokus geraten. Daher sind diese Webkonferenzen wichtig, um den Zusammenhalt und die Gruppendynamik am Leben zu erhalten. Als Themen werden dabei die Validität der Prozessstufen oder Phasen, die Hypothesen zu den Metriken insbesondere zur Dynamik und die Verifikation der anfangs getätigten Einschätzungen zu der Anzahl der Ärzte in den Stufen durchgesprochen. Das Zusammentragen der im letzten Meeting vereinbarten Zahlen ist ja schon über das CRM System eingetragen und kann zentral erfolgen (außer in den Fällen, wo dies nicht geht, sollte in dieser Phase ein Mechanismus installiert werden, der dieses Reporting – wenn auch manuell – durchführt). Diese Webkonferenzen werden 2 – 3 mal bis zur nächsten Arbeitstagung durchgeführt. Regelmäßig werden auch die entsprechenden Marktdaten aufbereitet und im push-Verfahren an die Teilnehmer übermittelt. Damit ist die notwendige Kontinuität sichergestellt. Ich halte das für eine sehr wichtig Maßnahme in dieser ausgesprochen kritischen Phase. Die kognitive Dissonanz ist uns ja allen wohlbekannt. Ein mögliches Ausscheren aus den Denkschienen, die bei der ersten Arbeitstagung gelegt wurden, muss auf alle Fälle verhindert werden.

Die Charts, die den Teilnehmern zugehen, sind einfach gestaltet. Ein Beispiel mag das verdeutlichen (in diesem Beispiel Zahlen der ganzen Pilotgruppe):

Star	72
Stammkunde	238
gel. Verordner	196
Gesamt	506
Aufsteiger	3
Absteiger	22
Neu	12

Abb. 46: Metriken zur
Darstellung der Veränderungen

Die letzte „Telekonferenz" ist zusätzlich mit den Planungsaufgaben oder Erinnerungen für die Vorbereitung des zweiten Pilotgruppenworkshops zu füllen. Ein zentraler Aspekt für die Tagung wird die Präsentation jedes Teilnehmers seiner Pyramide sein. Die Form kann man in dieser Phase den Teilnehmern selbst überlassen. Zumeist haben Teilnehmer dies auf Folien mit mehr oder weniger kunstvollen Zeichnungen bewerkstelligt. Die Form ist nicht wichtig. Es geht darum, die einzelnen Kunden in den Stufen namentlich darzustellen. Dies kann anhand von beigefügten Listen (Excel Arbeitsblätter) oder direkt auf der Folie erfolgen. Die Verschiedenartigkeit der Präsentationen verstehe ich hier als Anregung und hat auch immer zu verbesserten Darstellungsformen geführt.

8.4.4 MODELLADAPTIERUNGSWORKSHOP MIT PILOTGRUPPE – WUTMEETING

Es ist nun gelungen, das Thema so „heiß" zu halten, dass die wichtigen Punkte nicht in Vergessenheit geraten sind. Zeit für das zweite Arbeitstreffen. Hier die Themen, die dabei behandelt werden:

Präsentation des eigenen Modells

Definition des Mehrwerts für Kunden

Modellsimulationen

Die Kernprozesse

Die Prozesse „vor" der Pyramide

Der Begriff Wutmeeting entstand in einem der Projekte aus der Gruppe heraus. Bei diesem Treffen war man sich sehr einig, dass einige Kunden, von denen der Mitarbeiter über Jahre hinweg den Eindruck hatte, eine wirkliche Säule des Geschäftes zu besitzen, ganz einfach das Geschäft nur vorgegaukelt haben. Die Teilnehmer waren darüber dermaßen erregt, dass sie dazu erst einmal ordentlich „Dampf" ablassen mussten. Daraus entwickelte sich der Begriff Wutmeeting. Man kann diesen Begriff schon in der Planung etablieren und damit die Reaktionen antizipieren und den Frustrationseffekt etwas mildern. Ich bevorzuge es, diesen Begriff im Vorfeld nicht zu gebrauchen, da die Frustration meines Erachtens den Veränderungswunsch besser verstärkt.

Präsentation des eigenen Modells

Jeder Teilnehmer präsentiert sein Modell vor der Gruppe wie in der letzten Webkonferenz gemeinsam definiert. Ziel dieser Präsentation ist, die eigenen Erfahrungen, Ergebnisse und Metriken zur Diskussion zu stellen, gleichzeitig eine Verpflichtungserklärung zu der individuellen Situation im Gebiet abzugeben und das Modell als letzten Wissensstand zu etablieren. Damit ist die Ausgangssituation wohlfundiert und kann für die zukünftigen Workshops als Ankerpunkt betrachtet werden (siehe auch unter Standortbestimmung am Beginn des Buches). Bei der Präsentation ist es wichtig, dass die Angaben zu den Metriken anhand der Daten sofort und direkt überprüft werden und eine rege Diskussion in Gang gebracht wird. Im weiteren Verlauf werde ich darauf eingehen, wie in Situationen zu verfahren ist (etwa 10 % der Fälle), die keine genauen Einordnungen und Untermauerungen mit Daten erlauben. Für die Pilotgruppe übernimmt hier der Moderator die Rolle des Entscheiders. Die Anzahl der Topkunden, Stammkunden etc. wird damit „offiziell" bestätigt und festgeschrieben. In den Zweifelsfällen werden Argumente gesammelt, Notizen über weitere Datenerhebungen (z.B. bei Apotheken) festgehalten und dokumentiert. Hier füllt sich das bislang theoretische Gerüst der VKPA zum ersten Mal mit Leben und wird für alle Teilnehmer richtig spannend. Hier zeige ich ein Beispiel, so wie es sich in einem Projekt in diesem Workshop darstellte:

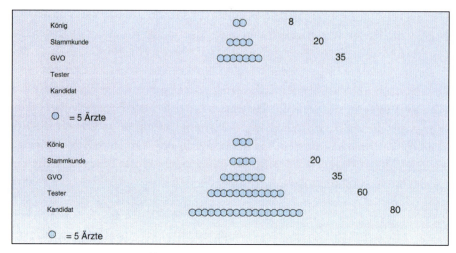

Abb. 47: Beispiele von „Pyramiden"

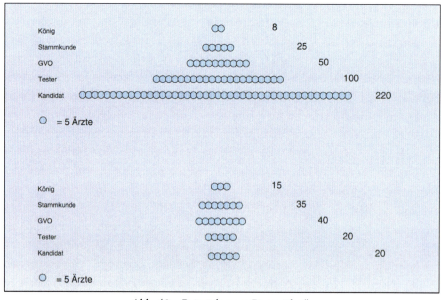

Abb. 48: Beispiele von „Pyramiden"

Diese kleine „Auswahl" von Pyramiden (reelle Beispiele, die Definitionen wurden geändert) zeigt förmlich ein Psychogramm der Außendienstmitarbeiter. Wenn auch die Pyramide als solches sich nur in drei von vier Beispielen präsentiert, sind hier doch die aufgezeigten Schemata sichtbar. Wohlgemerkt, dies sind die erfolgreichsten Leute in einem Außendienst mit ca. 120 Mitarbeitern mit nachgewiesenen Spitzenleistungen seit mehreren Jahren.

Es kann sich jeder lebhaft vorstellen, dass nach diesen Präsentationen die Emotionen ziemlich geschürt waren. Und hier ist einer der frappierendsten Effekte der Lernenden Organisation – die Modelle werden verstanden, die Details interpretiert und führen ziemlich rasch und eindeutig zu Schlüssen, die umsetzbar in die Realität sind.

Nehmen wir als Beispiel die dritte Pyramide. Hier handelt es sich um einen äußerst fleißigen Pharmareferenten. Im Vergleich zur Pyramide Nr. 1 hat dieser einen wesentlich höheren Arbeitseinsatz als Kandidat 3. Die Umsatzerfolge waren bei beiden ähnlich gut. Die Gruppe war sich einig, dass in einer Langzeitbetrachtung die Pyramide Nummer eins wahrscheinlich „austrocknet" und eine starke Tendenz hat, ins Minus zu fallen. Trotzdem zeigt die Pyramide 1 einen interessanten Effekt – wie viel doch aus wenigen „Kunden" zu materialisieren ist.

Diese Beispiele hatten einen ungeheuren Effekt hinsichtlich des Gruppenlernens. Und dieser Effekt wurde sechs Monate später auch eindeutig verifiziert durch gestiegene Umsatzziffern bei allen Teilnehmern.

Definition des Mehrwerts für Kunden
Im Rahmen dieses Meetings ist die Behandlung dieses Themas notwendig und erklärt sich aus dem Bestreben, den Prozess der Wertschöpfung aus Kundensicht zu verstehen und, wenn möglich, transparent zu machen. Bewusst wurde in dem ersten Meeting darauf verzichtet. Die Gefahr einer Überfrachtung mit verschiedenen komplizierten Fragestellungen kann dabei vermieden werden.

Aus der nominativen Beschreibung der Kunden ergibt sich eine gute Möglichkeit, die Persönlichkeitsprofile darzustellen und entsprechend den individuellen Zielsystemen zu bezeichnen. Später wird noch auf das Erstellen von Aktionsplänen eingegangen, wo diese entsprechend Berücksichtigung finden werden.

Der hier bezeichnete Schwenk ist auch aus den Gründen anzuraten, die schon früher einmal Erwähnung fanden. Die mentalen Rückschnappeffekte bewirken immer wieder eine „Wertdiskussion", ausgehend von der eigenen Produkt- oder Unternehmensbetrachtungsweise. Diese ist bei der Visualisierung der Wertschöpfung überhaupt nicht hilfreich. Das Bild, das sich unser Kunde von uns macht, ist entscheidend.

Die anzuwendende Strategie ist die Erstellung eines Wertekataloges.

Das Grundprinzip der Erstellung des Wertekataloges ist Folgendes:

Das Bild, das sich ein Kunde hinsichtlich des Wertes macht, ist geprägt vom Unternehmen, der Marke, dem Produkt, den Strategien oder Kanälen, über die das Unternehmen kommuniziert, und nicht zuletzt vom Außendienstmitarbeiter. Anhand der limbischen Untersuchungen wissen wir, dass ein Mechanismus inhärent ist. Die guten Reize werden gesucht, die negativen Reize versucht der Kunde zu vermeiden, ihnen aus dem Weg zu gehen und irgendwie zu flüchten. Die für ihn „guten" Reize sind diejenigen, die seinem Wertschema entsprechen. Es ist daher dafür zu sorgen, dass ich Aussagen, Eigenschaften des Produktes und das gesamte Auftreten auf dieses Wertschema abstimme. Dazu muss ich natürlich vorerst einmal das Wertschema des Kunden kennen.

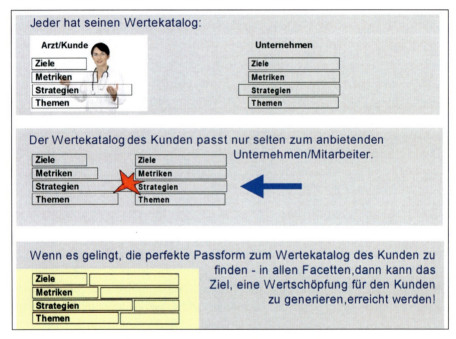

Abb. 49: Synchronisation des Wertekataloges

Einerseits kann man hier auf das Wissen des Außendienstmitarbeiters zurückgreifen, andererseits gibt es erste Ansätze der Darstellung dieser Werttypologien durch Marktforschungsunternehmen wie IMS Health.

Im Rahmen von regelmäßigen Marktbefragungen werden psychografische Fragestellungen miterhoben, die es ermöglichen, acht verschiedene Typen von Ärzten zu identifizieren. Diese Informationen sind nominativ vorhanden und beziehen sich auf den zugrunde liegenden Typ wie z.B. der nach Dominanz strebende wissenschaftlich orientierte Arzt. Aus verschiedenen anderen Fragestellungen werden diese Informationen ergänzt mit Informationen bezogen auf die Einstellung gegenüber Anwendungsbeobachtungen, Zeit, die für Außendienstmitarbeiter erübrigt wird, und sein Internet-Nutzungsverhalten. Für die Wertekatalogisierung sind diese Informationen natürlich sehr wertvoll. Leider sind sie nicht komplett vorhanden, sondern nur in dem Panelumfang.

Im Sinne der anzustrebenden Wertekatalogisierung sind diese Informationen eine wahre Bereicherung und deren Anwendung bei Direktmarketingaktivitäten hat eine Verdoppelung des Rücklaufes erreicht. Damit sprechen diese Ergebnisse eine eindeutige Sprache.

Ziel ist es, den Sender in einer Interaktion mit dem Kunden (Besuch, Mailing etc.), mit dem Wertsystem des Kunden zu harmonisieren. Das kann gelingen, indem ich mein eigenes Wertschema, gruppiert in Ziele, Metriken, Strategien und Themen, mit dem des Kunden übereinstimme. Diese Vorgangsweise ist in der Abbildung (auf der vorhergehenden Seite) schematisiert dargestellt. Anhand eines praktischen Beispiels wird das deutlich. Ein Arzt, dessen Wertsystem dem Traditionalisten entspricht, d.h. Neuerungen grundsätzlich skeptisch, wenn nicht ablehnend gegenübersteht, wird eine Botschaft eines innovativen Therapiekonzepts als negativen Reiz empfangen. Im Gesamtbild zum Unternehmen/Produkt/Pharmareferent wird dieses Erlebnis damit eine Reduzierung des Wertes erfahren. Für diesen speziellen Typ ist die Botschaft daher typadäquat zu erstellen. Das Therapiekonzept könnte dahingehend dargestellt werden, als es die gewohnten Effekte produziert, ohne die bis dahin erfahrenen Nebenwirkungen zu haben. Damit kann erreicht werden, dass das negative Empfinden eliminiert wird und ich aufgrund des Bezugnehmens auf seine bestehenden Erfahrungen einen positiven Reiz ausübe. Damit erhöhe ich die Chance einer Wertsteigerung.

Diese Typologien haben eine universelle Einsatzmöglichkeit.

Die Gesprächsvorbereitung ist der Nutzen für den Außendienstmitarbeiter. Fürs Marketing erlaubt es die Feinabstimmung der Promotionsmaterialien und Aussagen zur Positionierung des Produktes. In einer Gesamtbetrachtung bietet sich auch an, eine generelle Typologisierung als Arztmerkmal einzuführen.

Die ersten praktischen Erfahrungen mit der Anwendung dieser Strategie sind außerordentlich positiv und bestätigen in breitem Ausmaß die Erkenntnisse der Limbischen Theorie. Damit ist auch bewiesen, dass die heute gültigen und wissenschaftlich untermauerten Erkenntnisse aus der Konsumgüterindustrie in einem verfeinerten Ausmaß auf die Zielgruppen im Pharmabereich anwendbar sind. Damit eröffnet sich ein verbesserter Zugang zu den wertschöpfenden Aktivitäten. Im Rahmen eines individualisierten Marketings im Sinne von One to one Marketing ergibt sich ein breiter Raum für Effektivitätssteigerungen. Die Verkaufsprozessanalyse nach der Diamantformel hilft mit, die Außendienstorganisation auf diese komplexen Arbeitsanforderungen vorzubereiten.

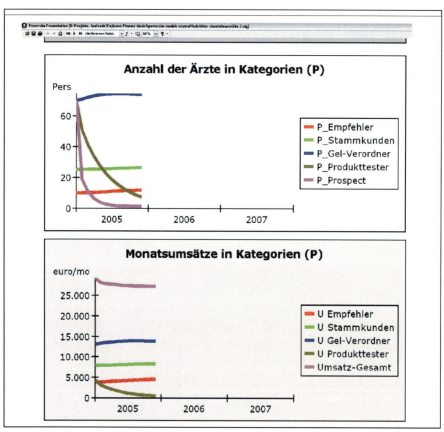

Abb. 50: Simulation Kapazitätsproblem (Realisiert von C. Lapp und R. Wagner, www.kokon.info mit Powersim®)

Modellsimulationen
Im folgenden Schritt schließen wir an die Pyramidenmodelle an.
Die Simulationsmodelle wurden gestaltet und in Form von Business-Flight-Simulatoren so aufbereitet, dass eine Eingabe der individuellen Werte erfolgen kann.

Die Simulationen erlauben eine Darstellung des Zeitablaufes im Sinne von:
Wenn Mitarbeiter X sein Gebiet mit der modellierten Struktur mit den definierten Besuchsregeln besucht, benötigt er eine Anzahl von Besuchen, die sich aus der vorhandenen Besuchskapazität ergibt (in Deutschland gehen wir meistens von 1300 bis 1400 Besuchen pro Jahr aus). Wenn dieses Modell eingehalten wird, erzielt er x Umsatz usw. – Und hier ergab sich der zweite Überraschungseffekt der Modellierung. Das oben beschriebene Modell 1, gefüttert mit den entsprechenden Besuchsregeln (Anzahl der Besuche in einem Zeitraum, Wiederbesuche nach 4 Wochen etc.), kollabierte nach wenigen Durchlaufperioden.

Die vorhandene Besuchskapazität war bei weitem nicht ausreichend, um dieses Besuchsprogramm zu erfüllen. Die Lehre aus dieser Simulation war, die Zielgruppe (besuchte Ärzte) zu reduzieren. Mit Hilfe des Simulationsmodells erreicht man eine Optimierung der Besuche. Damit kann die Frage beantwortet werden – wohin soll der Besuchsschwerpunkt gelegt werden und welche Gruppen haben Priorität. Die obige Abbildung zeigt zwei Szenarien, in der zweiten Darstellung wurden die Besuchsfrequenzen in den verschiedenen Zielgruppen verändert. Das Ergebnis zeigt eine verbesserte Umsatzsituation.
Wie könnte man in der Praxis verschiedene Szenarien in einem Zeitraum von mehreren Perioden „ausprobieren"? Mit diesem Simulationsmodell ist es möglich – sozusagen ohne Kosten und Zeitverlust „Testflüge" zu unternehmen. Ohne Absturzgefahr. Und trotzdem wichtige Erkenntnisse aus den Szenarien zu gewinnen.

Natürlich ist diese Simulationsmethode kein reales Bild der Wirklichkeit. Die Welt, wie sie in unseren Köpfen als Modell existiert, kann jedoch diesen Realitätsbezug genauso wenig erfüllen. Indem ich das Modell auf diese einfache Basis reduziere, kann ich aber gewisse Abhängigkeiten gut erkennen und mein Modell entsprechend anpassen. Besser noch, als dies in der Realität zu testen. Hier benötige ich wesentlich mehr Zeit und Aufwand, um herauszufinden, welche Strategie zielführender ist. Meistens ist es dann auch noch zu spät, um entsprechend zu reagieren, da meine Ressourcen aufgebraucht sind. Gleichzeitig ermöglichen die bildhafte Umsetzung und die Nachvollziehbarkeit der Ursache/Wirkung das gemeinsame Verständnis des Modells und damit den Gruppenlerneffekt.

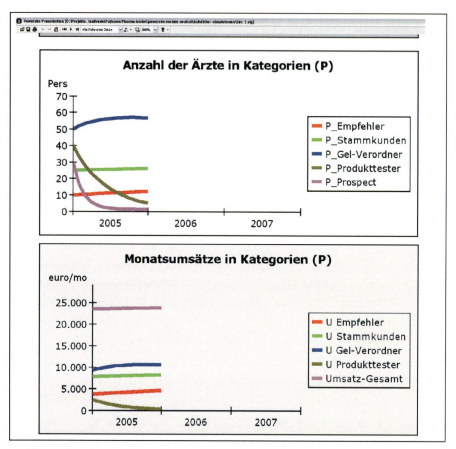

Abb. 51:   Simulation Optimierung der Besuche (Realisiert von C. Lapp und R. Wagner, www.kokon.info mit Powersim®)

Ein weiterer mentaler Aspekt dieser Simulation ist die Besitznahme der Gruppen-teilnehmer an diesem „eigenen" Modell. Das Lernen erfolgt in neutralem Rahmen, die Effekte sind, wenn auch überraschend, doch nicht wertend. Kein Zeigefinger deutet in eine belehrende Richtung, die ja oft ziemlich unerträglich sein kann.

Nachdem alle Teilnehmer ihre Modelle nach dem Muster „was wäre wenn" durchgespielt haben, konnte jeder auch seine Stärken und Schwächen gut nachvollziehen. Eine Korrektur in der Modellstruktur wurde nach den Erkenntnissen eingebaut und für die zukünftigen Strategien berücksichtigt. Die Extrema wurden damit ein für allemal eliminiert – die Verhaltensänderung damit exerziert und gelernt.

Wie oft konnten wir ja bei diesen Trainingsprozessen beobachten, wie stark die Rückfallquoten hier zu Buche schlagen. Bei dieser Vorgangsweise ist der Weg klar vorgezeichnet und durch nichts zu verändern oder zu verdrehen.

Noch ein wichtiger Aspekt dieser Simulation sind die Metriken. Bei der Beschaffung der notwendigen Parameter für die Konstruktion dieser Modelle wird automatisch ein Katalog der Schlüsseldaten erstellt, die für das Funktionieren des Modells notwendig sind.

Die Kernprozesse

Die Fragestellung, die hier zu erörtern und zu diskutieren ist, ist die nach den Aktivitäten, die mit welchem Aufwand und welcher Frequenz zum gewünschten Erfolg führen. Hier erfolgt in Wiederholung der Initialworkshopthemen das intensive Eingehen auf die „richtigen" Maßnahmen. Es liegt auf der Hand, dass diese Themen schwerlich erschöpfend und endgültig behandelt werden können. Der wichtige Punkt besteht in einem Ideenaustausch untereinander. Welche Aktivitäten haben bei welchen Kunden zu diesen Erfolgen (Aufstieg in höhere Stufe) geführt. Und wie kann ich diese Erfolgsstory auf andere Gebiete übertragen. Eine sehr wichtige Fragestellung sei hier erwähnt. Diese Prozesse sollten ja bei unseren Kunden „gespiegelt" sein. D.h. der Arzt hat seinen Entscheidungsprozess zumindest synchron verlaufend mit dem Prozess, wie er hier aufgezeichnet ist. Können wir das überprüfen?

Eine Antwort liegt in den Ergebnissen, die ich mit erfolgreichen Aktivitäten erziele. Die einer kontinuierlichen Verordnung zugrunde liegende Loyalität ist ja Ausdruck des etablierten Wertes, den der Kunde dem „Erlebnis" – sei es Produkt, Unternehmen, Service oder Außendienstmitarbeiter – zuordnet. Steigt der Trend, dann gelingt es, die richtigen angenehmen und positiven Erlebnisse zu schaffen, sinken die Umsätze, dann passt der Wertekatalog nicht. Die Erlebnisse werden unangenehm empfunden und der Kunde wendet sich an den Mitbewerb.

Die Prozesse „vor" der Pyramide

Wir befinden uns hier mitten im Verkaufsprozess mit den verschiedenen Denk-
varianten und Stufen. Betrachten wir uns noch einmal das Beispiel der Pyramide
1. Die überaus erfolgreiche Strategie dieses Mitarbeiters mag ja auch in der breit angelegten Basis liegen. Die Simulationen haben gezeigt, dass es unumgänglich ist, sich auf
die eigentlichen Verkaufstätigkeiten zu konzentrieren und insbesondere die obersten
drei Stufen im Besuchsplan zu berücksichtigen. In der Realität gibt es ja noch einige
Stufen darunter die als Prozess durchlaufen werden.

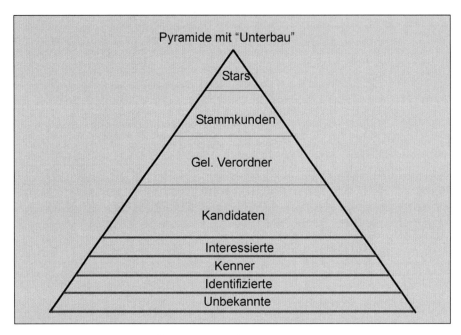

Abb. 52: Pyramide mit Unterbau

Doch was soll mit den Stufen darunter passieren?

Hier erreichte die Gruppe einen Wendepunkt der sonst üblichen Betrachtungsweisen. Plötzlich erinnerte man sich an die in dem Initialmeeting präsen-
tierten Erkenntnisse des modernen Marketings. Die dort dargestellten Ideen, in
anderen Branchen bereits mit bestem Erfolg praktiziert, erschienen nun nicht
mehr abwegig. Die Teilnehmer starteten von sich aus den Hilferuf ans Marketing, doch diese Qualifikationsarbeit an der Basis der Pyramide abzunehmen.

Ein großes Kapazitätsproblem kann damit beseitigt werden. Doch damit nicht genug. Erreicht man doch durch diese Methode auch eine im Simulationsmodell sichtbar gemachte Produktivitätssteigerung ohnegleichen.

In meinen ersten Projekten waren diese Schlussfolgerungen für mich so erstaunlich, dass mir fast der Atem stockte. Die Logik der Vorgangsweise hatte Prozesse bei den Teilnehmern bewirkt, deren Einführung mitunter Jahre in Anspruch nehmen kann. Wir waren an dem Punkt angelangt, an dem der Sprung ins neue Marketing nicht mehr so ins Ungewisse getan werden muss, sondern wir hatten ein System aufgebaut, das diesen Schritt logisch stützte und nur mehr der praktischen Realisierung harrte.

Und so begannen die ersten praktischen Tests mit Kampagnenmanagement als Aufforderung an die Marketingabteilung, diesen Fluss von unten heraus zu entwickeln.

Hier bewährte sich das Schema der Einbindung des Marketings und damit der eigentliche Prozessgedanke in idealer Weise. Gleich nach diesem Arbeitstreffen wurde begonnen, die entsprechenden Kampagnen zu strukturieren und zu starten.

8.4.5 ÜBERPRÜFUNGS-VORBEREITUNGS-WORKSHOP FÜR ROLL-OUT

Nachdem der Adaptierungsworkshop die wesentlichen Anpassungen mit Hilfe der praktischen Erfahrungen ermöglicht hat, gehen wir davon aus, dass hinsichtlich der Prozessphasen, der kritischen Abläufe, der firmenspezifischen Pyramide als Unternehmens-VKP Modell Einigkeit in der Pilotgruppe erzielt wurde. Hinsichtlich der Reporting- und Analysewerkzeuge wurden die eingerichteten Lösungen angepasst. Die Metriken sind so weit klar, dass gewisse Zeitspannen mit den Streuungen eliminiert wurden.

Entweder dieser Teil ist in den Adaptierungsworkshop integriert, was bei guten Gruppen (im Sinne von schnell) durchaus praktikabel ist, oder es wird ein neuer Workshop mit der Thematik der Vorbereitung organisiert. Wichtig ist die Definition, dass allen Teilnehmern klar ist, dass die Aufgabe einer generellen breiten Einführung – eines Roll-Outs – bevorsteht. Im Normalfall kann in diesem Projektstadium anhand der ersten Auswertungen der Pilotgruppe schon ein Indikator für die positiven Entwicklungen auf der Umsatzseite festgemacht werden. Zumeist ist auch an dieser Stelle die Entscheidung der Geschäfts- oder Unternehmensleitung zu treffen, ob eine generelle Ausweitung wünschenswert ist. Entscheidend dafür ist der Zeitplan von Neueinführungen oder anderen z.B. organisatorischen Änderungen. Auch Urlaubsperioden sind zu berücksichtigen. Für den Roll-Out gilt noch viel mehr darauf zu achten, dass die ersten Schritte der Veränderung, das Entlernen dahingehend ermöglicht wird, dass die „neue" Methode praktiziert wird. Diese durchaus mühsamen Schritte müssen entsprechend kommunikativ gestützt werden. Ich habe es erlebt, dass eine mehrwöchige verkaufsprozessanalytische „Ruhephase" den gesamten Prozess zum Stillstand gebracht hat. Ein Großteil der Gruppe hat es sich mit dem bisher üblichen Abläufen bereits wieder „gemütlich" gemacht. Es ist daher unbedingt darauf zu achten, dass in den Wochen nach dem Startschuss eine volle Konzentration auf die neuen Vorgangsweisen sichergestellt ist.

Wenn alles bisher nach Plan gelaufen ist, hat man eine gute Ausgangsposition. Das Pilotteam ist gut motiviert. Die Leistungen des Pilotteams sind visualisiert und deuten auf aufwärts gerichtete Zahlen. Die Simulationsmodelle sind kalibriert, funktionsfähig und insbesondere als Demonstrationsobjekt bestens geeignet, kurzum alle notwendigen Elemente sind abgestimmt und im Bewusstsein zukünftiger Erfolge aufgestellt.

Mit dieser Mannschaft kann schon einmal eine Außendienstorganisation, die in 8 bis 10 Regionen strukturiert ist, pro Region einen Lead User des Systems in den Prozess mit integrieren. Der Wert dieser informellen Informationsquelle mag ja schon während des Prozesses „angezapft" worden sein. (Das sollte auch durchaus angeschoben werden, denn es spricht sich ja ohnehin rasch herum, dass ein Pilotprojekt am Laufen ist.) Bei einem allgemeinen Roll-Out ist es von unschätzbarem Vorteil, Gerüchten, die ja in alle Himmelsrichtungen spekulieren, mit Informationen aus erster Hand zu begegnen und die Kommunikationsströme auch bewusst auf die Pilotteilnehmer zu lenken.

Darüber hinaus haben die Pilotteilnehmer auch in den Gruppenveranstaltungen verschiedene Rollen zu übernehmen.

Vergegenwärtigen wir uns noch einmal den aktuellen Status.

Die Pilotgruppe hat das Modell entwickelt, ist daher hervorragend konditioniert und auf das Modell eingeschworen. Die Problematik besteht bei dem Gesamtaußendienst darin, dass für einen effizienten Ablauf weder Zeit noch die Ablauflogik vorhanden ist, diese Durchgänge in größerem Rahmen durchzuspielen. Der Punkt ist hier, ein bereits bewährtes Modell breit zu kommunizieren, die Akzeptanz zu erreichen und möglichst viele der Außendienstmitarbeiter damit zu begeistern.

Auf der positiven Seite haben wir ein gebriefetes Top Team zur Unterstützung und die Elemente, die in dem Erfolgsdiamanten zusammengefasst sind. Auf der negativen Seite haben wir eine nicht zu ignorierende Skepsis, insbesondere genährt durch das Wissen, dass das mit einer Best Practices Gruppe durchgeführt wurde. Deshalb sollte man sich von den Erfolgen einer Pilotgruppe nicht blenden lassen. Die Hauptaufgaben liegen noch vor uns. Die Skepsis und Unsicherheiten, negative Gerüchte und die grundsätzliche Angst vor Änderungen können jedoch gut überwunden werden. Die Vorbereitung der entscheidenden Elemente ist getan, die Modelle sind überprüft und halten Diskussionen stand und mögliche erste positive Ergebnisse polstern die Aussicht auf Gesamterfolge gut auf.

Bewährt hat sich, die Grundstruktur der Pilotgruppenvorgangsweise so weit wie möglich in das Gesamtprojekt mitzunehmen. Das bedeutet den Auftakt mit einem Initial Workshop zu setzen, der in den regionalen Gruppen durchgeführt wird. Vor diesem Initial Workshop ist noch zu überlegen, im Rahmen einer Tagung, den Führungskräften im Außendienst (z.B. Regionalleitern) den gesamten Pilotablauf nahe zu bringen.

   Dieser Personenkreis bildet das Rückgrat für den erfolgreichen Roll-Out. Teilweise waren die Regionalleiter ja schon eingebunden. Jetzt müssen alle auf den Wissensstand gebracht werden. Sollten diese Personen auch die Aufgabe der Moderation übernehmen, ist dieser Teil noch tief greifender zu gestalten.

Die Moderation kann von Teilnehmern der Pilotgruppe übernommen werden, wenn ausreichende Moderatorenkenntnisse und Marketingkompetenz vorhanden sind. Empfehlenswert ist jedoch, die Moderatorenrolle wie bei der Pilotgruppe zu organisieren. Eine wesentliche Rolle ist natürlich der Regionalleitung zu übertragen. Teilweise waren sie ja schon in der Pilotgruppe involviert und sollten hier auch noch als Coaching eingesetzt werden. Mit dieser teilweisen „train the trainer" Methodik ist es möglich, fast zeitgleich den gesamten Außendienst synchron zum Initialworkshop und dem Adaptierungsworkshop zu führen. Die synchrone Vorgangsweise ist wichtig, da sich der Austausch der Modelle und der Strategien schnell verbreitet und damit die Lücken geschlossen werden, die vielleicht manchen Teilnehmern noch die Hoffnung geben, auch diese Welle überdauern zu können.

Als mentale Vorbereitung für die Gesamteinführung sei hier noch einmal darauf hingewiesen, dass die Top-Down Entscheidung und Unterstützung ungefiltert und klar als Unternehmensentscheidung etabliert ist. Die Verpflichtung aller Führungskräfte, an einem Strang zu ziehen, ist erfolgsbestimmend.

8.4.6 INITIAL WORKSHOP FÜR ROLL-OUT

Für die häufig parallel stattfindenden Workshops habe ich verschiedene Erfahrungen gesammelt. Die Festsetzung auf einen Tag, meist in Verbindung mit einem regulären regionalen Meeting mit anderen Themen, scheint ein guter Kompromiss zwischen den Anforderungen, den „Meetingzirkus" zu begrenzen und der Kommunikation genügend Platz zu geben, zu sein. Damit ist natürlich ein komprimierter Ablauf, verglichen mit dem der Pilotgruppe, verbunden. Die teilweise Einbeziehung von Marketingleuten war sehr zielführend, da die Grundelemente von Kampagnenmanagement und Leadgeneration damit auch integrativ eingeführt werden können.

Der Verkürzung ist hier unbedingt Rechnung zu tragen. Die Zusammenfassung der Tagung und die gemeinsame Erarbeitung dessen, was von den Teilnehmern bis zum Follow-up Meeting erwartet wird, bilden die wichtige Basis für die Handlungen zwischen den Workshops. Die Pilotgruppenteilnehmer werden auch dezidiert als Ansprechpartner angeboten und Hilfestellungen sollten nach mehreren Seiten (z.B. Marketing) eröffnet werden. Der Zeitraum zwischen den Meetings kann bei entsprechender Unterstützung durch Regionalleiter oder Pilotgruppenmitglieder auf 6 – 8 Wochen reduziert werden. Eine intensive Unterstützung ist hier Voraussetzung, um brauchbare erste Ergebnisse beim Folgemeeting zu bekommen. Zu beachten ist dabei, dass ja bei der Pilotgruppe einige Webkonferenzen stattfanden, die die Kontinuität und Konzentration auf das Projekt sicherstellten. Bei entsprechenden Fertigkeiten im regionalen Management ist die Übertragung der im Pilotprojekt Layout geschilderten Methoden zur Erfolgsabsicherung unbedingt zu empfehlen. Oft wird es jedoch aus organisatorischen und technischen Gründen nicht möglich sein, eine solche Vorgangsweise zu zelebrieren. Ich halte in jedem Fall eine gewisse Reduktion der Geschwindigkeit ohnehin für angebracht. Die Schritte des Pilotteams können bei der breiten Anwendung auf mehrere Regionalmeetings gestreckt werden, indem diese Treffen einen schrittweisen Lernprozess ermöglichen. Es hat sich auch vielfach als notwendig erwiesen, die komplette korrekte Einstufung der Kunden erst beim dritten oder vierten Treffen festzumachen. Ganz entscheidend jedoch ist es, darauf zu achten, dass die etablierten Aktionspläne beachtet und als Leitlinie für die Besuchstätigkeit exekutiert werden. Zumeist kennt man seine „Pappenheimer" als Regionalchef recht gut und kann hier Unterstützung und Coaching geben, um zu verhindern, dass der Mitarbeiter in das „alte" Schema zurückfällt.

Inhaltlich ist die Vorgangsweise etwas einfacher. Die Teilnehmer übernehmen ja etwas, was als ein zugrunde liegendes Verhaltensmuster für erfolgreichen Vertrieb aus dem versteckten Expertenwissen extrahiert wurde und so aufbereitet wurde, dass es in einem prozessorientierten Ablauf strukturiert ist. Die Expertengruppe ist nicht nur Testimonial, sondern deren Erfolge sind auch unbestritten. Zusätzlich wird durch die Transparenz der Metriken dieses Prädikat auch noch in eindeutiger Weise kommuniziert. Diese Faktoren geben dem Projekt einen gewaltigen Schwung, den die Moderatoren gut nützen können, um die entsprechenden Gestaltungen und Verhaltenskorrekturen zu beeinflussen.

Wichtig ist auch für diese Gruppe, nach den ausführlichen Erklärungen, wie sie im Punkt 8.4.2 dargestellt wurden, die Einschätzung der Teilnehmer einzuholen und auf einem Blatt, nötigenfalls anonym, zu notieren. Da zumeist diese Arbeit bis zum nächsten Meeting in Vergessenheit gerät, ist der Überraschungs- und Neugiereffekt umso größer.

8.4.7 Auffrischung und Gedankenaustausch Roll-Out

Ob als Wutmeeting bezeichnet oder nicht, entscheidend ist die etwas aufwendige Organisation der Einzelpräsentationen mit den entsprechenden Kunden, namentlich im Team. Jeder Mitarbeiter stellt seine Pyramide mit der Klassifikation seiner Kunden dar. Sehr oft empfindet man es als Moderator etwas langweilig, diese Einzelheiten durchzugehen. Auch die Teilnehmer finden dieses Procedere langweilig. Es ist wichtig, diesen Ablauf durchzuspielen, es geht um das Gruppenlernen und der Gehalt an Kommunikation ist sehr wichtig. Es werden durch diese Detailgespräche nicht nur den Berechnungsfehlern oder logischen gedanklichen Fehlern zur Korrektur verholfen, sondern auch die Bedeutung und Wertigkeit dieser Dimension der Metrik herausgestellt. Für den Moderator und den Regionalleiter gibt es ein wichtiges Feedback, ob das Prinzip verstanden wurde und die Berechnungsgrundlagen klar sind. Die eigene Pyramide entwickelt sich auch von Tagung zu Tagung zu einem Alltagsinstrument, das viele der Teilnehmer auch an ihrem Arbeitsplatz angebracht haben und so verinnerlichen. Die meiste Energie ist in dieser Phase darauf zu richten, dass konstant für Feedback und Auskunft gesorgt wird. Nur dann wird die Präsentation beim Folgemeeting entsprechend professionell ablaufen.

Die Teilnehmer sind hier meistens etwas unvorbereiteter, was die Interpretation und Anwendung der Daten anbelangt. Hier liegen auch die größten Hindernisse und Schwierigkeiten begraben. Hilfreich hat sich die Aufbereitung von Datenmaterial erwiesen, sodass alle Informationen auf einem Datenblatt zusammengefasst sind. Einigen Unternehmen ist das mit einem guten analytischen Reporting heute schon möglich, meistens ist hier jedoch Sondereinsatz gefordert, um für alle dieses Datenblatt zu erstellen. Es ist wichtig, diese administrativen Arbeiten schon im Vorfeld entsprechend zu berücksichtigen und Kapazität bereitzustellen. Hier noch eine Anmerkung zu dieser Seite der Verkaufsprozessanalyse. Wie oft haben Sie sich gewünscht, der Außendienst möge sich doch intensiver mit den teuer erstandenen Marktberichten auseinander setzen. Dies ist ein Effekt, der (fast) automatisch entsteht. Der Außendienstmitarbeiter hat plötzlich Interesse an diesen Statistiken und versucht zumindest, diese richtig zu interpretieren – helfen wir ihm doch dabei!

Wie bei der Pilotgruppe wird auch in der Roll-Out Phase Wert darauf gelegt, dass jeder Außendienstmitarbeiter „seine" Pyramide der Gruppe präsentiert. Dies kann auf einem Flipchart, Overheadfolie oder über Computerpräsentation erfolgen. Wichtig ist, dass diese Arbeit eingefordert wird und keine Ausweichmöglichkeiten bestehen. Damit ist sichergestellt, dass sich der Mitarbeiter während seiner Routinetätigkeiten auch zumindest einige Male mit seiner Pyramide auseinander setzt und sich die Gedanken, die dazu geführt haben, in Erinnerung ruft. Der gewisse Druck, der auch darin besteht, vor seinen Kollegen aufzustehen und seine individuelle Situation zu präsentieren, ist ein gesunder Stress, der die Leute engagiert und emotionell bindet. Unterstützung durch die Pilotgruppenmitglieder (als Kollegen) oder Regionalleiter ist durchaus erwünscht, sollte jedoch nicht zu einer Rückdelegation führen. Es wäre schade, wenn der Regionalleiter die ganzen mentalen Prozesse beim Mitarbeiter durch eine wohl gut gemeinte Hilfestellung behindert.

8.4.8 Follow-up Workshop Roll-Out

Die Form eines Eintagesmeetings kann auch hier beibehalten werden. Dies ist natürlich auch abhängig von der Gruppengröße. Bei großen Gruppen wurde in der Vergangenheit auf halbtags geschwenkt, richtig bewährt hat sich diese Verkürzung aber nicht. Die Groupmeeting Werkzeuge wären hier sehr brauchbar, da damit eine wesentliche Verkürzung möglich wäre, doch ist der technische Aufwand heute noch zu aufwendig. Im Ablauf ist darauf zu achten, diese Meetings zu institutionalisieren. Empfehlenswert sind monatliche Meetings, bei denen die entsprechenden Pyramiden durchdiskutiert werden und nach entsprechenden Korrekturen weitergeführt werden.

Inhaltlich sind fünf Themen zu behandeln:

- Präsentation der individuellen Pyramiden
- Korrekturen anhand der verfügbaren Daten/Festschreiben als Genehmigungsprozess
- Metriken
- Ideensammlung: Wertschöpfung beim Kunden
- Aktionsplan für die nächsten drei Monate

Präsentation der individuellen Pyramiden:
Interessante Darstellungsformen können entwickelt werden, indem die besten Ideen aus den einzelnen Gruppen auch gegenseitig kommuniziert werden. Der daraus resultierende Verbesserungsprozess in den Darstellungen ist in der Anfangsphase wünschenswert, tritt aber später in den Hintergrund.

Korrekturen mit Hilfe der Daten/Festschreiben der Klassifikation entsprechend den Stufen als formaler Genehmigungsprozess:

Ganz besonders darauf zu achten ist, dass das Festschreiben der namentlich festgehaltenen Kunden in die entsprechenden Stufen oder Phasen festgeschrieben wird. Der Vorgesetzte, in den meisten Fällen der Regionalleiter, entscheidet im Zweifelsfall. Die Regionalstatistiken oder Nanobrickauswertungen sind teilweise lückenhaft und bedürfen einer Korrektor mit historischen Daten.

Die manchmal durchaus persönliche Entscheidung kann vor Ort durch Doppelbesuche überprüft werden. Keinesfalls sollten hier Verhandlungsgespräche dazu führen, dass die Einteilung verwässert. Unter dem Strich gibt es immer die Summe eines Umsatzes pro Stufe oder Brick, die ein Indiz für den tatsächlichen Umsatz darstellt. Zielsetzung ist ja, in Zukunft insbesondere den Bewegungen die Aufmerksamkeit zu schenken. Eine Schlampigkeit in den Anfangsphasen rächt sich später in wenig aussagekräftigen Entwicklungen.

Metriken:

Der Austausch innerhalb der Gruppe zum Ablauf der Prozesse führt zu einem Wissensaufbau über die zu beobachtenden Messwerte: Wie lange dauert es, bis eine Stufe überwunden ist? Wie viele Ärzte aus einer Gruppe kann ich realistischerweise in einem gewissen Zeitraum eine Stufe höher bringen? Hilfreich dabei sind die Simulationsmodelle, deren Parameter mit diesen reellen Informationen angepasst werden. Es entwickelt sich mehr und mehr ein Geschäftsmodell, das von jedem Einzelnen verstanden wird. Die Simulation der Besuchsfrequenz und deren Verteilung auf die verschiedenen Prozessstufen erlaubt dabei eine permanente Optimierung. Die Möglichkeit des „Was-wäre-wenn?"schärft das Gefühl (das was wir als Bauchgefühl kennen) für die richtigen Hebel des Modells und damit die Verbesserung in der Bearbeitung des Gebietes.

Ideensammlung für Wertschöpfung:

Hier geht es um die Gestaltung der Interaktion mit dem Kunden. Auch wenn heute die direkt wertbildenden Aktivitäten drastisch reduziert sind, müssen wir uns ja natürlich vergegenwärtigen, dass Aktionen mit teuren Reisen auch keine Dauerhaftigkeit erzeugt haben. Damit wurde hauptsächlich der Opportunismus der Kunden angesprochen. Wenn finanziell die Möglichkeiten gegeben waren, immer das beste Angebot zu machen, hat das auch funktioniert – sehr oft ging das natürlich auch zu Lasten desjenigen, der dann keine Verordnungen bekam und trotzdem zahlte.

Wie wir alle hören, gibt es zwar auch heute noch ein paar Unternehmen, die sich noch nicht von diesem Teufelskreis befreien konnten – doch dafür wird dann die Staatsanwaltschaft sorgen.

Faktum ist, dass unsere Kreativität hinsichtlich der Gestaltung der Interaktionen hier etwas „retardiert" ist. Aber das ist ja auch eine natürliche Reaktion auf das simplifizierte „Wertschöpfen" einer bezahlten Verordnung. Da braucht man nicht weiter nachzudenken. Betrachtet man sich andere Branchen, so gibt es da eine Fülle von Anregungen zu holen. Unter dem Thema Kundenintegration finden sich zahlreiche Beispiele. Im Grunde genommen hatte die Pharmaindustrie ja schon seit langer Zeit – jedoch aus internem Interesse heraus – die Kundenintegration oder das Prinzip des Lead Customers (Kunden entwickeln neue Therapien …) praktiziert. Daraus lassen sich geniale Modelle der Kundenintegration ableiten. Wichtig dabei ist, diesen Prozess abteilungsübergreifend zu gestalten. Gerade das gemeinsame Entwickeln, mit Marketingabteilungen, medizinisch wissenschaftlichen Abteilungen und Vertriebsabteilungen, birgt ein sehr hohes Potential. Lässt man sich dann auch noch inspirieren von den technologischen Möglichkeiten (im Fortbildungsbereich sehe ich schon alleine unter dem Stichwort „Wikipedia" eine Vielzahl von Ansätzen zu Kundenintegration, die die notwendigen Erlebnisse schaffen können), dann ist die Kreation von Kundenerlebnissen kein großes Kunststück.

Die im Kapitel 7.1 (und über allem steht der vom Kunden wahrgenommene Wert) dargelegten Schritte zum Wertkartierungsprozess bieten hier eine gute Anleitung.

Aktionsplan für drei Monate:
Die individuellen Aktionspläne sind Vorschläge, die von den Mitarbeitern erstellt werden. Die Form dieser Aktionspläne kann freigestellt sein. Im Rahmen der monatlichen Treffen stellt sich fast automatisch ein bestimmtes Format als besonders praktikabel heraus, das dann von der Gruppe übernommen werden kann.

Wie in allen anderen Aktionsplänen auch sollten die folgenden Punkte nicht fehlen:
Kopfzeile (Mitarbeiter)
Kundenname
Kundennummer

Phase Ist

Phase Ziel

Bis wann?

Aktion oder Aktivitäten

Bis wann werden die Aktivitäten durchgeführt?

Kosten

Für alle Teilnehmer wird nun auch transparent, dass nicht mehr eine gleichmä-
ßige Budgetaufteilung für die Aktivitäten sinnvoll ist, sondern die Budgetmittel
auf die Prozessstufen bezogen sind. Hier wurden von besonders vorsichtigen
Außendienstmitarbeitern deren „Reserven" endgültig geöffnet. Sie hatten weniger
Topkunden und Stammkunden deklariert, als sie tatsächlich hatten, um später
nach und nach noch einige Zuwächse zu dokumentieren. Dieses „Bunkern" ist
eine alte und bekannte Praxis im Gewerbe des Außendienstes. Hier ist sie jedoch
nicht wünschenswert, da die Metriken richtig sein müssen, um die weiteren
Vorzüge dieser Methodik auch ausschöpfen zu können.

Auch in dieser Phase sind interessante Beobachtungen zu vermerken. Die Ideen
für Aktivitäten in den einzelnen Prozessstufen oder Phasen sind zumeist ziemlich
begrenzt. Natürlich auch deswegen, da ja die gesetzliche Situation viele der in
der Vergangenheit akzeptierten Maßnahmen heute sanktioniert.

Wenn hier die Teilnehmer vom Marketing oder e-Marketing Bereich einige
Ideen explorieren, finden sie ganz schnell Gehör. Die gemeinsame Organisation
von Kongressen mit einer Methode, die die nominativen Präsenzen dokumentiert, hat hier plötzlich einen komplett anderen Stellenwert. Ein neuer geistiger
Entwicklungsstand, hervorgerufen durch eine prozessorientierte Vorgangsweise,
bei der die integrative Strategie im Vordergrund steht, ist hier fühl- und spürbar.

8.4.9 Weitere Schritte/Routinetreffen

Die monatliche Übernahme dieses Schemas halte ich für notwendig, um die
Weiterentwicklung und kontinuierliche Verbesserung sicherzustellen. Diese regelmäßigen Treffen finden ohnehin in den meisten Organisationen routinemäßig
statt.

Eine zunehmende Konzentration auf die Schlüsselelemente:

Abteilungsübergreifend,
Metriken (bezogen auf Wert),
Wertschöpfung

sorgt für die notwendigen Verbesserungen und damit die Steigerung der Effizienz und Effektivität der Aktivitäten. Besonders mühsam gestaltet sich natürlich die abteilungsübergreifende Komponente. Hier muss viel Energie aufgewendet werden, um die klassischen Verhaltensmuster des Einzelkämpfers auszumerzen. Dem Irrglauben, der Kunde sei Eigentum eines einzelnen Außendienstmitarbeiters, ist mit Vehemenz entgegenzutreten. Der Kunde ist nicht einmal Eigentum des leistungserbringenden Unternehmens. Aber Entscheidungen zur Gestaltung der Interaktion sind Unternehmensentscheidungen. Deutlich werden hierbei die kritischen Sollbruchstellen. Dass der Kunde als Eigentum des Außendienstmitarbeiters betrachtet wird, kam ja aus der „alten" Aufbauorganisation. Und diese gibt es in einer prozessorientierten Organisation nicht.

Kampagnenmanagement ist hier die verbindende Komponente. Wie bereits im Kapitel 7.3. ausgeführt, ist hier Tiefgang gefragt. Das detaillierte Darstellen der Kampagne mittels eines Flussdiagramms bringt alle Beteiligten auf die gleiche Wissensebene und verhindert weitgehend Missverständnisse, die oft fatal enden. Ein Beispiel: Ein Stammkunde fragt über E-Mail beim Unternehmen bezüglich des Einsatzes des Präparates beim Kleinkind an. Im Kontaktcenter wird er mit dem Versand von Broschüren abgefertigt, anstelle sofort einen kompetenten Gesprächspartner im Innendienst einzuschalten oder direkt über den Außendienstmitarbeiter die Frage persönlich zu klären. Mit einem funktionierenden CRM System sieht das Kontaktcenter oder das Inbound Call Center die „Wichtigkeit" des Kunden und hat mit Flussdiagrammen gelernt, wie die weiteren Schritte zu setzen sind.

Diese Schlüsselelemente können auch der Führungskraft während der Präsentation der Aktionspläne gute Hilfe leisten. Die Frage:

Wer kann diese Aktion noch weiter unterstützen/vertiefen?
Bis wann wird ein Aufstieg stattfinden – mit welcher Wahrscheinlichkeit?
Wie werden die unterstützenden Interaktionen/Erlebnisse gestaltet?,

sind bei jedem Kunden zu stellen und entsprechend diesen Kriterien gestalten sich die weiterführenden Maßnahmen.

Die Darstellung der Metriken und natürlich der Pyramiden auf Einzelebene, auf Regionalebene und auf Außendienstebene stellt den wichtigen Schritt dar. Das Weitergeben und Aufnehmen der entsprechenden Informationen eröffnet völlig neue Dimensionen in der Kundenbearbeitung. Die entsprechenden synchronen Aktivitäten von Marketingseite und Backoffice verbessern zunehmend die Effizienz und Effektivität aller Maßnahmen. Vieles ist zu korrigieren und die damit verbundenen Anstrengungen und Maßnahmen führen zu einem nicht enden wollenden Quell der Produktivitätssteigerungen. Darauf muss hingearbeitet werden. Regelmäßige Kommunikation über Neuerungen bei den Prozessen und im Kampagnenmanagement müssen deshalb raschest institutionalisiert werden.

Im Reporting ist ebenfalls eine Institutionalisierung anzustreben. Und hier liegt eines der unermesslichen Reichtümer dieser VKPA. Das Reportingsystem wandelt sich von einer puren historischen Betrachtungsweise in ein Beobachtungsinstrument, das Trends anzeigt, die leicht interpretiert werden können. Ein stetiges Ansteigen der Kunden auf den höheren Stufen wird sicherlich auch in den nächsten 6 – 12 Monaten eine gute Umsatzentwicklung garantieren. Wir befinden uns strategisch und taktisch auf dem richtigen Weg. Umgekehrt sehen wir bei einer Häufung von Drop-Outs oder stärkerer Tendenz zu Abstiegen eine Entwicklung, die uns zwar in 6 – 12 Monaten mit voller Härte treffen wird, aber heute noch nicht massiv mit Umsatzrückgängen behaftet ist. Hier können noch rechtzeitig Maßnahmen beschlossen werden, die eine weitere Abwärtsentwicklung verhindern. Das macht die prozessorientierte Gestaltung so wertvoll. Die gesamte Verkaufsorganisation entwickelt sich zu einem prozessgesteuerten System mit Messgrößen an allen kritischen und wichtigen Stellen, die auch als Frühwarnsystem gute Dienste leisten.

Diejenigen Organisationen, die über ein gutes Vertriebscontrolling verfügen, stellen damit den Erfolg der Verkaufsprozessanalyse sicher. Überlegenswert ist es allemal, sich um ein Vertriebscontrolling intensive Gedanken zu machen. Abweichungen disziplinärer Art müssen hier mit Sanktionen belegt werden, da ein Ausbrechen und ein mögliches Zurückfallen in die traditionellen Vorgangsweisen eine doppelte Katastrophe darstellen. Einerseits ist das Scheitern einer derartigen Bewegung an sich problematisch. Zum anderen fügt man damit weitere Negativerlebnisse bezogen auf Reingineering Maßnahmen hinzu. Dann wird ein neuer Anlauf nicht nur umso schwieriger, sondern auch wesentlich teurer.

Ein Hinweis ist an dieser Stelle angebracht. Möglicherweise entdecken Sie (wie ich auch), dass manche Mitarbeiter erschreckend wenige Kunden in den oberen Bereichen haben. In den meisten meiner Projekte hatte die Pilotgruppe, obwohl zahlenmäßig mit 7 % vertreten, 25 % der Topkunden. Das passt ja zu unseren eingangs erwähnten Umgebungsbedingungen. Es macht uns aber nicht zufrieden. Angenehm ist es, die Fakten in dieser Form präsentiert zu bekommen. Die anzustrebenden Aktivitäten und Strategien zu einer Verbesserung können mit dieser Einsicht rasch und mit entsprechender positiver Stimmung angegangen werden.

Verankerung der Betrachtungsweise

Ab dem dritten Follow-up Meeting kann man beginnen, die Daten seriös auszuwerten, auf nationale Werte zusammenzurechnen und fortlaufend in seine Schlüsselkennzahlen aufzunehmen.

In dem schwierigsten und größten Projekt, mit dem ich eine Verkaufsprozessanalyse durchführte, konnte ich in der Anfangsphase (also nach drei Monaten Routinetreffen) einen Zuwachs von Topkunden von 12 % in sechs Monaten registrieren.

Sie als Leser haben mittlerweile gelernt, was diese Zahl im weiteren Verlauf bedeuten wird. Die Detailmaße sind sehr unterschiedlich strukturiert und aus kleineren Untersuchungen und Analysen, die ich durchgeführt habe, konnte ich sehen, dass die entscheidenden Faktoren darin bestanden, wie genau und wie engagiert die Führung dahinter war. Die vielen Gespräche, die ich mit den Teilnehmern führen konnte, wiesen alle darauf hin, dass das System frappierend einfach war (wenn auch in der Anfangsphase frustrierend, da kaum jemand mit so geringen Zahlen gerechnet hatte). Die konsequente Weiterführung ist die Schlüsselstrategie für die Absicherung der erfolgreichen Fortsetzung dieser Methode.

In einem neueren Projekt sind diese Voraussetzungen präzise erfüllt. So wie die Vertriebsorganisation insgesamt hinter dieser Strategie steht, so hat sich auch Marketing entsprechend dieser Vorgangsweise aufgestellt. Noch ist es zu früh, dabei eine Bilanz zu ziehen. Auffällig in vielen Projekten waren die vielen Diskussionen und Hinweise in Bezug auf die Zielsetzung von Besuchen. Die traditionellen Normen hinsichtlich Besuchsfrequenz sind heute dermaßen instrumentalisiert, dass nur das dezidierte Eingehen auf dieses Faktum eine Lösung bringen kann. Es häufen sich Aussagen wie: „Wenn ich nun nicht mehr in einem vernünftigen Zeitraum meinen nächsten Kunden besuchen kann, ist es doch gut, wenn ich dann noch einen Arzt ‚mitnehme', der sozusagen am Weg liegt? Dann stimmt ja auch meine Besuchsfrequenz besser." Es ist wie das Abgrasen der Büffelherde – nur dass die Büffel zumindest damit ihr Grundbedürfnis erfüllen, auch wenn der Boden dann tot ist. Bei der oben angeführten Aktion mag das nicht ganz so krass sein, doch frage ich mich nach dem Befinden des

Arztes, der solcherart „bedient" wird. Von wertschöpfend kann nur die Rede sein, wenn es sich tatsächlich um einen interessierten Käufer/Verordner handelt, der aus der Interaktion auch den wichtigen Werteaustausch generiert und ihn in seinem Verhalten bestätigt. Oder auch ein Nichtkunde, dem ich eine Leistung in Form eines Angebotes so schmackhaft machen kann, dass er sich ernsthaft einen Wechsel überlegt.

Hervorragend einsetzbar sind die Metriken natürlich fürs Marketing und/oder die Backoffice Organisation. Wenn es gelingt, den Geist und die Vision dieser Verkaufsprozessanalyse weiterzutragen, sind die besten Voraussetzungen gegeben, gezielte, auf die Zielgruppen und die einzelnen Prozessphasen abgestimmte Aktivitäten bereitzustellen. Der Wertekatalog ermöglicht auch noch eine Individualisierung der Maßnahmen, die erwiesenermaßen zu besseren Erfolgen führt.

8.6 Die organisatorischen Begleitmassnahmen

In Ergänzung zu den mehr allgemeinen Erörterungen im Kapitel 6.5. schildere ich hier die Maßnahmen, die im Laufe der Verkaufsprozessanalyse auf Sie zukommen werden.

Neben vielen Problemen, denen ein geübter Moderator ja gewachsen sein sollte, gibt es drei Bereiche, bei denen man gut daran tut, sie entsprechend den Ideen und natürlich den technischen und budgetären Möglichkeiten, „nachwachsen" zu lassen.

- CRM Reporting
- CRM Analytiken
- CRM Prädiktiv
- Backoffice Organisation

8.6.1 CRM Reporting

Ich gehe hier nicht auf die Definitionen eines CRMs ein. Es gibt mittlerweile viel einschlägige Literatur zu diesem Thema. Nur so viel: CRM ist ein Verhalten und keine Technologie.

In meinem ersten Projekt war die Situation ausgesprochen günstig, organisatorische und technische Verbesserungen begleitend zum Projekt durchzuführen. Nicht immer ist diese Möglichkeit gegeben. Die Einbindung von Verantwortlichen aus diesem Bereich ist Conditio sine qua non. Nur dann können die Möglichkeiten auch mit den Teilnehmern diskutiert und eventuelle tragfähige Kompromisse gefunden werden. Die an anderer Stelle dargestellte Pyramide auf einem dezentralen Webserver war eine der unkonventionellen Lösungen, die zu einem Bruchteil der Kosten durchgeführt wurde, verglichen mit der Realisierung innerhalb des CRM oder Datawarehouses (DWH). Bei den einzelnen Workshops assistierten die DWH Mitarbeiter mit ad-hoc Analysen (Excel Arbeitsblätter, die sozusagen „on the fly" entsprechend den Wünschen aufbereitet wurden). Im Verlaufe der Verkaufsprozessanalyse wurden diese Analysen in vorgefertigte Reports eingebettet und allen zugänglich gemacht. Eine wahrlich harte Knochenarbeit für die vielen verschiedenen Regionen.

Das Schöne an dieser Erfahrung war, dass nicht vom Unternehmen aus gesagt wurde, was zu machen ist und wie man das macht, sondern die Teilnehmer suchten von sich aus die fehlenden Informationen und hinterfragten die Möglichkeiten, die noch entwickelt oder eingekauft werden mussten.

Wie oft habe ich in verschiedensten Organisationen erlebt, wie unterschiedlich Gebietsanalysen gemacht wurden (ganz zu schweigen von kapitalen Irrtümern, die bei der Interpretation der Daten begangen werden). An der Schwelle zur routinemäßigen kontinuierlichen Verbesserungsphase der Verkaufsprozessanalyse werden Sie erleben, dass die Vorgangsweise und Interpretationen – wie im Lernmodell vorgegeben – von allen gleich durchgeführt werden.

In der doch wesentlich komplexeren Verkaufsaufgabe im Pharmabereich, wo am Abend keine Aufträge weitergegeben werden, ist dieser Zustand eine große Erleichterung für das Management und ein sicherer Motivationsfaktor für die Mitarbeiter, als dies durch unterschiedlichste Interpretationen erzielbar wäre.

Wichtig ist natürlich, dass im CRM System die Kennzeichen wie „Topkunde" eindeutig auf den ersten Blick erkennbar sind. In der Historie muss auch der „Werdegang" chronologisch abgebildet sein, damit die Modellierung darauf Bezug nehmen kann. Hier bietet sich nach einigen Monaten eine gute Quelle an, die anfänglich getätigten Hypothesen mit realen Daten zu verifizieren. Damit ist auch die Verbesserung der Simulationsmodelle gewährleistet. Dies ist ein wichtiger Schritt in der weiteren Verbesserung des Modells selbst, aber auch der prädiktiven Möglichkeiten des Modells.

Die Mindestanforderungen für ein sinnvolles Reporting sind hier noch einmal zusammengefasst:

- Anzahl der Ärzte pro Stufe im laufenden Monat (nach dem Stichtag) – am besten dargestellt in einer Grafik als Pyramide.
- Anzahl der Aufsteiger pro Stufe im Monat.
- Zeitdauer der Aufstiege pro Stufe im Monat als Zyklusdauer dargestellt.
- Anzahl der Ab- und Aussteiger pro Stufe im Monat.

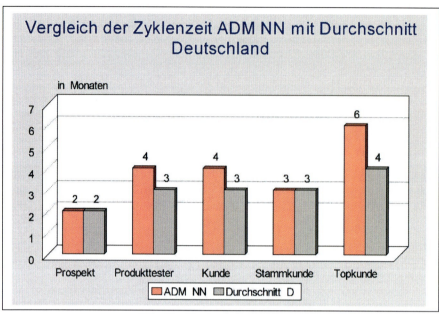

Abb. 53: Vergleich der Zyklenzeit

Diese Darstellung erlaubt dem einzelnen Außendienstmitarbeiter, seine Zeitdauer mit dem durchschnittlichen Zyklus in der Gesamtorganisation zu vergleichen. Mit einer derartigen Darstellung erfülle ich die Anforderungen an ein effektives Reportingsystem. Denn Reporting muss auch meine zukünftigen Entscheidungen in die gewünschte Richtung führen können. Hier würde die Entscheidung dahingehend beeinflusst, dass ADM NN möglicherweise die zumeist verstärkte Frequenz bei Produkttestern und Kunden etwas reduzieren kann. Hier ist es offensichtlich günstiger, sich einen neuen Arzt vorzunehmen und damit schneller zum Ergebnis zu kommen.

Ein weiteres Beispiel zeigt den prozentuellen Anteil der Aufstiege je Stufe im Vergleich zum Durchschnitt:

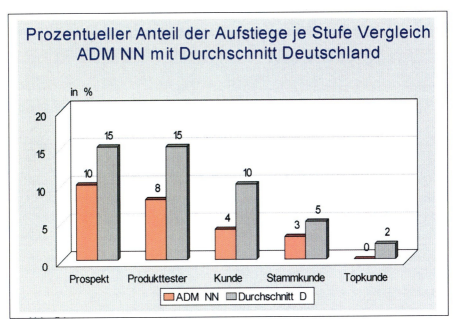

Abb. 54: Vergleich der Aufstiege

Die weiteren Berechnungen können sich noch auf drop-out Raten je Prozessstufe im Vergleich zum Durchschnittswert sowie den jeweiligen Summen auf den hierarchischen Ebenen erstrecken. Sehr schön erkennbar ist damit der Unterschied zum Reporting der klassischen Vorgangsweise und dem prozessorientierten Reporting.

8.6.2 ANALYTISCHES CRM

Drei einfache Fragen bewegen uns bei der Verkaufsprozessanalyse:

> Was ist passiert?
> Warum ist das passiert?
> Was muss ich tun damit ... das passiert?

Darauf muss das analytische CRM die Antwort geben.

Die erste Frage ist meistens gut im Unternehmen gelöst. Darauf bezieht sich auch Peter F. Druckers Kommentar zu: Wir sollten nicht zählen, sondern messen.

Warum ist das passiert?

Hier geht es um das Zusammenführen der Informationen zu den Interaktionen mit Kunden und den nachfolgenden Resultaten. Durch die VKPA wird das Wesentliche erleichtert, da die Aktionspläne nominativ kundenzentrisch organisiert werden. Das heißt, es wird jeder Kunde individuell beobachtet. Die ersten Antworten können dabei direkt aus den erstellten Unterlagen gezogen werden. Daher halte ich auch die Gruppendiskussionen – Gruppenlernen für außerordentlich wirksam. Es wird nicht das Rad in jedem Gebiet neu erfunden, es wird zumindest innerhalb der Gruppe die Analyse durchgeführt, welche Interaktionen und Aktivitäten wirksam waren und welche nicht. Ganz erstaunlich war für mich zu beobachten, wie diese Verbesserungen sehr deutlich und auch rasch an die Oberfläche kamen. Es etablierten sich für jede Prozessphase (aus Kundensicht) bestimmte Aktivitäten, die für einen Aufstieg besonders geeignet waren.

Und darüber sollte sich auch das Marketing freuen, vorausgesetzt es hat die Möglichkeit, an der Verkaufsprozessanalyse teilzunehmen. Anhand der Übersicht über die mittelfristigen Aktionspläne und unter Einbezug der Informationen, wie viele Kunden in welchen Stufen stehen, sind Marketingmaßnahmen wesentlich besser zu planen und wirklich bedarfsgerecht zu gestalten.

In diesem Bild kann es nicht mehr vorkommen, dass Anfragen von Marketing an den Außendienst gehen, die erkunden, wie viele Personen zu einer „wertvollen" (weil teuren) Veranstaltung eingeladen werden sollten? Besonders schlaue Leute nützen da ihre Chance und wollen eine ganze Busladung von Kunden nominieren. Es ist mit einer einfachen Betrachtung der nationalen oder regionalen Pyramide getan, die Anzahl in der Zielgruppe festzuhalten.

8.6.3 Prädiktives CRM

Als kleinen Ausblick in die Zukunft ist dieser Beitrag gedacht.
Sehen Sie sich noch einmal die beiden vorangegangenen Grafiken genauer an.

Wenn wir davon ausgehen, dass hinter den Aufstiegsraten ja einzelne Ärzte stehen, so kann ich in einer nationalen Betrachtungsweise diejenigen Ärzte zusammenfassen, die eine gute „Performance" im Sinne von Aufsteigern aufweisen. Nehmen wir einmal an, wir sehen in einem Quartal etwa 400 Kunden, die von einer Stufe zur anderen aufgestiegen sind. Wenn ich nun die entsprechenden Daten der Kunden analysiere, dann könnte ich auch gewisse Gemeinsamkeiten herausfiltern. Für dieses Beispiel nehmen wir einfach einmal an, dass diese „Aufsteiger" alle eher der Altersgruppe unter 40 Jahren angehören und eher in ruralen Gebieten niedergelassen sind. Noch besser ist es, wenn die Wertkartierung gewisse typologische Gemeinsamkeiten aufzeigt. Vielleicht finden wir noch einen zusätzlichen „Marker" – beispielsweise sind sie alle spezialisiert auf Diabetes Patienten.

Mit dieser Information kann ich schon die ersten prädiktiven Selektionen im Gesamttopf der Ärzte durchführen und dieses Kriterium beim Qualifikationsprozess noch extra hinzunehmen. Die Wahrscheinlichkeit wird dadurch verbessert, Ärzte in meine Selektion aufzunehmen, die auch die entsprechende Dynamik aufweisen. Ich „klone" im weitesten Sinne des Wortes die Ärzte mit für unser Unternehmen „guten" Eigenschaften. Voraussetzungen sind natürlich die entsprechenden Daten und die notwendigen Analysemöglichkeiten. Doch gehen wir noch einen Schritt weiter. Die interessanteren Möglichkeiten dieser Vorhersagen liegen in einer systematischen Durchforstung des Datenbestandes nach solchen „günstigen" Kriterien. Einige Unternehmen wie SAS haben hier eine breite Erfahrung und sind in der Lage, mit mathematischen Modellen Künstlicher Intelligenz (KI) solche Kriterien herauszuarbeiten. Ich selbst konnte in groß angelegten Projekten im Finanzdienstleistungsbereich mittels der KI Methoden die Response Raten für Direktmarketingkampagnen verdoppeln.

Das im Außendienst verbesserte Verständnis für die Analyse und der sehr persönliche Bezug, dargestellt in der eigenen Pyramide, helfen, diese zukünftigen Entwicklungen rascher anzugehen. Wichtig erscheint es mir, das Verständnis zu wecken, mit Kreativität dahinter zu sein, dass Informationen gesammelt werden und aufbereitet werden, damit diese auch in weiterem Verlauf noch für prädiktive Maßnahmen eingesetzt werden können.

8.6.4   EMA Enterprise Marketing Automation

An dieser Stelle halte ich es für angebracht zu den CRM Möglichkeiten eine breitere Perspektive einzubringen. Untrennbar mit der Verkaufsprozessanalyse verbunden ist eine weitgehende Modernisierung des Marketings. Meine eigenen Erfahrungen stützen sich auf die Pionierschritte in den ersten „Prototypen" von Kampagnenmanagement.

Seit einigen Jahren sind Systeme am Markt, die mit Enterprise Marketing Automation (EMA) eine Lücke gefüllt haben, die mir vor ihrer Entwicklung ganz erhebliches Kopfzerbrechen gemacht hat. Zusammen mit einer mehr strategischen Betrachtungsweise, die heute das Marketing aus seiner taktischen Ecke zur neuen Bedeutung hebt, erkennen wir nun auch den ganzheitlichen Aspekt der Marketingaktivitäten. Sie begründen sich ja durch den Wert aus Kundensicht. Durch das Ineinandergreifen bei Multichannel Marketingaktivitäten wird auch die einheitliche Kundensicht zum zentralen Thema. Die Automatisierung ist notwendig, weil die verschiedenen Funktionen auf den verschiedenen Ebenen miteinander kooperieren.

Gerne spricht man in diesem Zusammenhang von einem Silo Denken. Jede Funktion entwickelt ihre eigenen Datenbestände, ihre eigenen Erfahrungen etc. Im Gegensatz dazu stehen die Multichannel Betrachtungsweise und der Kundenwert.

Eine Reihe von Software Applikationen steht heute für das Design und den Ablauf von allen Arten und Kombinationen von Kampagnen zur Verfügung. Sie bieten die Möglichkeit, die in den Kampagnen definierten Workflows abzubilden und alle „Touchpoints" mit den Kunden zu registrieren. So ergibt sich ein ganzheitliches Bild aller Interaktionen mit dem einzelnen Kunden. Sie erlauben nicht nur die perfekte Organisation, sondern auch das Nachverfolgen von Kampagnen und Kunden mit allen notwendigen Metriken. Damit können Kampagnen und verschiedene Kanäle und Werkzeuge permanent hinsichtlich der Produktivität und dem Wertschöpfungsgrad verglichen werden und stellen damit den Lernprozess zur Verbesserung des Kundenwertes sicher.

Zwei Firmen seien hier genannt, zum einen weil sie zuverlässige Systeme entwickelt haben, und zum anderen weil sie eine Expertise in der Pharmaindustrie aufweisen können. Es sind dies Aprimo und Quaero. Diese Applikationen ermöglichen den komfortablen Übergang von „Handarbeit", wie sie im Buch dargestellt ist, zur Automatisierung und eleganten Gestaltung der zukünftigen Multichannel basierten Kampagnenmanagementstrategie.

8.7 Ausblick und weitere Schritte

Wenn alle diese Maßnahmen gesetzt wurden, weitet sich auch unser Horizont. Insbesondere die Schlüsselzahlen (neudeutsch KPI – key performance indicators) müssen in dieser Phase einer kritischen Prüfung unterzogen werden. Hilfreich sind die Darstellungen aus unserem Benchmarking Ausflug in die Software-branche.

Die Aufstiegsraten (Prozentsatz derjenigen, die von einer Stufe in die höhere Stufe aufsteigen) und die Umsatzraten als Durchschnittssatz sind als Metriken bestens geeignet. Noch lange nicht sind wir am Ende des Weges angelangt. Diese Darstellung ist auch nur ein Ausschnitt aus der „Frühzeit", dem Anfang der Verkaufsprozessanalyse in der Pharmaindustrie. Die Möglichkeiten, die die Verkaufsprozessanalyse eröffnet, sind in vier Bereichen zu sehen:

- Multichannelmarketing
- Kampagnenmanagement und Leadgeneration
- CRM Organisation
- Activity Based Costing (im Sinne von Balanced Scorecard)

Multichannelmarketing:
Durch die Verkaufsprozessanalyse wird sichergestellt, dass die wertsteigernden Aktivitäten und Kampagnen über die spezifischen Kanäle geleitet werden. Durch die Weiterentwicklung der Backoffice Organisation etabliert sich hier eine Lernende Organisation, die in einer kontinuierlichen Verbesserungsstrategie die Kommunikation optimiert und damit zur Wertsteigerung beiträgt. Bei konsequenter Durchführung wird ein Wettbewerbsvorteil etabliert, der dauerhaft und umsatzsteigernd ist.

Kampagnenmanagement und Leadgeneration:
Die in der Verkaufsprozessanalyse dargestellten Konsequenzen – der Einführung von Kampagnenmanagement und Leadgeneration – werden in einer ersten Stufe beträchtliche Produktivitätssteigerungen herbeiführen. Diese Erfolgsstorys werden auch zu einem weiteren Aufbau der Aktivitäten im Prospecting und Qualifikation der Leads führen. Erst einmal ist Handarbeit angesagt. Dies verlangsamt zwar den gesamten Prozess. Es ist jedoch unumgänglich, das Gefühl dafür zu

entwickeln, wie einzelne Stufen funktionieren. Das Zulassen von Fehlern ist notwendig, um die wichtigen Lernprozesse in Gang zu bringen. Erst in einem zweiten Schritt kann dazu übergegangen werden, das Kampagnenmanagement zu automatisieren und ein computerbasiertes Leadgeneration Programm zu etablieren. Der Nutzen dieser Anstrengungen wird rasch sichtbar sein. Der Außendienst kann sich auf diese Aufgaben konzentrieren, für die er hervorragend geeignet ist: das individuelle Anbieten von Leistungen oder, noch besser, Erlebnissen, die alle Wertsteigerungsanforderungen erfüllen. Die Zusammenarbeit mit dem Backoffice in der Konzeption und Erstellung von Kampagnen und der Orchestrierung der Kommunikationskanäle zur Intensivierung der Wertsteigerungen über die anderen Kommunikationskanäle ist ein elementarer Bestandteil.

CRM Organisation:
Die aufgezeigten Anforderungen an ein CRM im Sinne der Verkaufsprozesse sind anfangs sehr einfach und verständlich gehalten. Auch hier findet ein Lernprozess statt. Real-time CRM Reporting wird in Zukunft diesen Bereich wesentlich facettenreicher gestalten. Leitgedanke ist, den Außendienstmitarbeiter an die Schaltstelle zu stellen. Er ist die zentrale Person, die die Stimme des Marktes oder Marktplatzes auffangen muss und sicherstellen muss, dass das CRM Reporting diese Dimension auch im Unternehmen an die wichtigen Stellen verteilt. Die CRM Analysen werden weiterhin kompakt und einfach und damit verständlich die Trends und Resultate darstellen. „Warum ist das passiert?", wird ohne Unterbrechung überleiten in: „Was muss ich tun, dass das passiert?" Damit ist die handlungsbestimmende Komponente im Reporting etabliert. Einer der bestechendsten Aspekte der verkaufsprozessorientierten Sichtweise ist die vorausschauende Ergebnisdarstellung. Üblicherweise hatten wir in der Vergangenheit historische Daten. Im Zusammenhange mit den technischen Gegebenheiten waren sie immer zumindest 2 Monate alt. Bei der Integration in Trendberechnungen konnten daher Gefahrenstellen erst mit einem erheblichen Zeitverzug erkannt werden. Die Darstellung von Aufstiegen in die nächsthöhere Stufe und von Ab- oder Ausstiegen aus der Pyramide erlaubt eine Zukunftsperspektive, die schon mehrere Monate im Voraus die Trends erkennen lässt. Wenn auf nationaler Ebene ein grundlegender Trend in Richtung aufsteigende Kunden dargestellt wird, wird zwar noch nicht der aktuelle Umsatz dieses Bild wiedergeben, wir können aber sicher sein, dass in den kommenden Monaten interessante Umsatzsteigerungen zu

vermerken sein werden. Im umgekehrten Sinn wird eine starke Tendenz von Ab- und Ausstiegen aktuell noch keine signifikanten Umsatzeinbrüche zeigen, die Tendenz lässt jedoch die Möglichkeit, Maßnahmen zu definieren, die diesen Verlusten entgegensteuern, und es damit ermöglichen, schlimmere Umsatzeinbrüche aufzufangen. Wer würde sich nicht solch ein Frühwarnsystem wünschen?

Activity Based Costing:
Die konsequente Definition der Prozesse und die Verbesserungen erlauben auch die genaue Feststellung der Kosten, die die Prozesse benötigen. Im Kapitel 7. 3. unter Kampagnenmanagement und Leadgeneration wurde ein Beispiel dargestellt, das in einer kurzen prägnanten Form die Kosten eines Prozesses darstellt. Dies mag als Ausgangspunkt für weitere verbesserte Berechnungen dienen. Die Darstellung der Prozesse mit Flowcharts und insbesondere die Möglichkeiten, die Kampagnenmanagement Software dabei bietet, erlauben die Kostenkalkulation eines bestimmten Prozesses. Die Gegenüberstellung dieser Kosten mit den Ertragsdaten, ermöglicht einen auf Fakten gestützten Vergleich der verschiedenen Aktivitäten. Damit werden der Lernprozess und die Erkenntnisse zur Effektivität einer Maßnahme mit der Effizienz ergänzt.

Betrachten wir die Abbildung 55 auf der folgenden Seite für ein sehr vereinfachtes Beispiel des ABC:

Die Kosten je Prozessstufe werden aus den Erfahrungswerten eingesetzt.

Dies erlaubt zunächst einmal eine Übersicht, auf welcher Stufe die höchsten Kosten anfallen. Hier ist nur eine vergröberte Darstellung ausgewählt worden. Vertiefen könnte man die Darstellung noch mit verschiedenen Arten an Kosten – inklusive Marketingkosten. Es geht einfach nur darum, einer bestimmten Aktivität die anfallenden Kosten zuzuordnen. Anhand der Pyramidendaten, kenne ich ja die Umsatzgrößen in den einzelnen Stufen, was mir wiederum erlaubt, Dringlichkeiten in den Verbesserungsanforderungen zu definieren.

Diese Art der Analyse ermöglicht ein internes Benchmarking, indem verschiedene Business Units oder auch verschiedene Prozessabläufe verglichen werden.

Die wohl attraktivste Perspektive besteht darin, Prozessverbesserungen zu messen.

Letztendlich kann eine Budgetplanung auf Prozessebene erfolgen. Dies ist besonders interessant bei Produktneueinführungen.

Ebenso für diese Bereiche gibt es mittlerweile unterstützende Softwarepakete, die wesentliche Erleichterungen bedeuten (z.B. BPI Tools von Proforma Corp.)

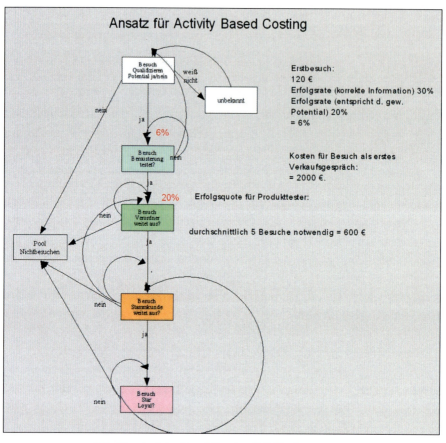

Abb. 55:   Activity Based Costing (ABC) schematisiert

AUSGEWÄHLTE REFERENZLITERATUR
(IN REIHENFOLGE DES TEXTES)

1) The Practice of Management, Peter f. Drucker, 1954
2) Pharmamarketing, Fred Harms u. Marc Drüner, Stuttgart 2003, S. 246 ff.
3) Reengineering the Corporation, Michael Hammer u. James Champy, New York 1993.
4) CRM at the Speed of Light, Paul Greenberg, Emeryville 2004.
5) Operational Innovation, Michael Hammer, Harvard Business Review, April 2004.
6) MBTI Type Indicator, Katharine C. Briggs u. Isabel Briggs Myers, Palo Alto 1989.
7) Strategy Maps, Robert S. Kaplan u. David P. Norton, Stuttgart 2004.
8) Managing to Survive, John Harvey-Jones, London 1993.
9) The Fifth Discipline, Peter M. Senge, New York 1990.
10) System Thinking, Jay R. Forrester, Boston 1961.
11) Organizational Learning – Implications for Organizational Design, R. Duncan u. A. Weiss, Research in Organizational Behavior, Vol. 1, Oxford 1979.
12) Lernende Organisationen, Hans J. Bullinger (Hrsg.), Stuttgart 1996.
13) Managing in a Time of Great Change, Peter F. Drucker, New York 1995.
14) Making Operational Innovation Work, Michael Hammer, Harvard Management Update, April 2005.
15) The New Marketing: Drive the Digital Market or It Will Drive …, Malcolm McDonald u. Hugh Wilson, Oxford 2002.
16) The Customer Centric Enterprise, Mitchell M. Tseng u. Frank T. Piller (Hrsg.), New York Berlin 2003.
17) Karaoke Kapitalismus, Jonas Ridderstrale u. Kjell A. Nordström, Heidelberg 2005.
18) Business Value Mapping, Michael J. Webb, Oak Park 2005.
19) Brainscript, Hans-Georg Häusel, Planegg/München 2005.
20) MaxiMarketing, Stan Rapp u. Tom Collins, New York 1987.
21) The Great Marketing Turnaround, Stan Rapp u. Tom Collins, Englewood Cliffs 1990.